Lorenz Arbeitsbuch

„Mein neues Ich"

Das große Arbeitsbuch zu den 5 Themen, die dein Leben verändern werden: Selbstfindung, Inneres Kind heilen, Vergangenheit loslassen, Selbstliebe spüren, Glück finden

Stefanie Lorenz

© Copyright 2021 - Alle Rechte vorbehalten.

Rechtliche Hinweise:

Dieses Buch ist urheberrechtlich geschützt und nur für den persönlichen Gebrauch bestimmt. Ohne die Zustimmung der Autorin oder des Herausgebers darf der Leser keinen Inhalt dieses Buches ändern, verbreiten, verkaufen, verwenden, zitieren oder umschreiben.

Haftungsausschluss:

Die in diesem Dokument enthaltenen Informationen dienen nur zu Bildungs- und Unterhaltungszwecken. Es wurden alle Anstrengungen unternommen, um genaue, aktuelle, zuverlässige und vollständige Informationen zu liefern. Die Leser erkennen an, dass die Autorin keine rechtlichen, finanziellen, medizinischen oder professionellen Ratschläge erteilt. Durch das Lesen dieses Dokuments stimmt der Leser zu, dass die Autorin unter keinen Umständen für direkte oder indirekte Verluste haftet, die durch die Verwendung der in diesem Dokument enthaltenen Informationen entstehen, einschließlich, aber nicht beschränkt auf Fehler, Auslassungen oder Ungenauigkeiten.

Geschenk #1

Zitatesammlung

Gratis-Bonusheft!

Mit dem Kauf dieses Buches hast du ein kostenloses Bonusheft erworben. Dieses steht nur eine begrenzte Zeit zum Download zur Verfügung.

Das Bonusheft beinhaltet eine Sammlung an schönen, motivierenden und auch Mut gebenden kleinen Geschichten und Zitaten. Diese werden dich beim Lesen und auf deinem täglichen Weg zu einem erfüllten Leben begleiten. Sichere dir das Bonusheft noch heute!

Alle Informationen, wie du dir schnell das gratis Bonusheft sichern kannst, findest du am Ende dieses Buches.

Geschenk #2

Entspannung im Alltag

Mit dem Kauf dieses Buches hast du noch ein weiteres Bonusheft erworben.

In diesem Bonusheft findest du verschiedene Entspannungsmethoden, Meditationsideen und Affirmationen, die dich darin unterstützen können, wieder zu dir selbst zu finden. Sichere dir das Bonusheft noch heute!

Alle Informationen, wie du dir schnell das gratis Bonusheft sichern kannst, findest du am Ende dieses Buches.

Inhaltsverzeichnis

Einleitung 1

Woche 1 Was ist mir wirklich wichtig in meinem Leben? Den Herzenswünschen auf der Spur! ... 7
    Tag 1 - Hintergrundwissen sammeln: kurze Zusammenfassung für einen informierten Start 7
    Tag 2 - Verortung: Wo stehe ich? 10
    Tag 3 - Wessen Träume trage ich ebenfalls? 16
    Tag 4 - Wo will ich hin: Ideen, Pläne, Zukunftsvisionen 19
    Tag 5 - Potenzielle Hindernisse erkennen 21
    Tag 6 – Achtsam Reisen 24
    Tag 7 - Aktiv werden 26

Woche 2 Inneres Kind 29
    Tag 1 - Hintergrundwissen sammeln: kurzer Überblick zum Konzept „Inneres Kind" 29
    Tag 2 - Verortung: Wie ist die Verbindung zu deinem Inneren Kind? 32
    Tag 3 - Dein Inneres Kind willkommen heißen 34
    Tag 4 - Das Innere Kind trösten 35
    Tag 5 - Dampf ablassen mit dem Inneren Kind 37
    Tag 6 - Spielender Alltag 39
    Tag 7 - Abschluss und Ausblick für deine Zeit mit dem Inneren Kind 41

Woche 3 Befreit leben – Vergangenes loslassen, um im Hier und Jetzt anzukommen 45
    Tag 1 - Hintergrundwissen sammeln: kurze Zusammenfassung der wichtigsten Informationen ... 45
    Tag 2 - Verortung: Wo stehe ich? Wie belastet mich die Vergangenheit? 49
    Tag 3 - Wo will ich hin und was kann ich lernen? 52
    Tag 4 - Potenzielle Hindernisse erkennen: Wer hält dich warum davon ab, dein Gepäck abzustellen? 55
    Tag 5 – Dein eigener Schritt ins Jetzt: Schenke dir selbst Vergebung 59
    Tag 6 - Stolperfallen erkennen und umschiffen 62
    Tag 7 - Abschluss für einen neuen Start 65

Woche 4 Selbstliebe - Wie kann ich mich selbst lieben und so annehmen wie ich bin? 67
    Tag 1 - Basiswissen rund um die Selbstliebe 67
    Tag 2 - Verortung: Wo stehe ich? 71
    Tag 3 - Wo will ich hin? 74
    Tag 4 - Potenzielle Hindernisse erkennen: Selbstsabotage 78
    Tag 5 - Darf ich mich lieben? 82
    Tag 6 - Meine persönlichen Selbstliebe-Techniken 85
    Tag 7 - Abschluss und Ausblick 89

Woche 5 Glück im Jetzt 93
    Tag 1 - Hintergrundwissen für einen geglückten Start 93
    Tag 2 - Verortung: Wo stehe ich? 95

Tag 3 - Fremdes Glück und falsche Freunde, macht mich das wirklich glücklich? 97
Tag 4 - Potenzielle Hindernisse erkennen: Wo sind meine Glücksbremsen? 99
Tag 5 - Meine Glücksquellen 101
Tag 6 - Was mir guttut, wenn es mir nicht gut geht; Glück in schwierigen Zeiten 104
Tag 7 - Integration des Gelernten in den Alltag und To-Go-Tipps 107

Geschenk #1 - Zitatesammlung **109**

Geschenk #2 - Entspannung im Alltag **111**

Eine kleine Bitte **113**

Einleitung

Willkommen!
Wenn du dich für dieses Buch entschieden hast, kann es sein, dass du die fünf Bücher, die diesem Arbeitsbuch als Buchserie vorangestellt sind, schon gelesen hast. Vielleicht hat bisher auch nur ein bestimmtes Thema dein Interesse geweckt und die anderen Bücher sind dir unbekannt. Oder du startest vollkommen neu ohne Vorkenntnisse und freust dich darauf, selbst in Aktion zu treten.

Ganz gleich, von wo du startest – noch einmal ein ganz herzliches Willkommen an dich! Wie schön, dass du dich mehr mit den Themen Selbstliebe und Selbstfürsorge beschäftigen und dabei auch selbst aktiv werden möchtest!

Genau darum soll es in diesem Buch gehen: Um deine Möglichkeiten, selbst aktiv zu werden, dir etwas Gutes zu tun, die Zügel in die Hand zu nehmen und dein Leben selbst zu gestalten.

Wie genau kannst du dir diesbezüglich die Arbeit mit diesem Buch vorstellen? Es soll dich dabei unterstützen, mehr Selbstliebe und Selbstfürsorge in dein Leben zu integrieren. Es handelt sich um ein Arbeitsbuch, das in fünf Themenkomplexe unterteilt ist. Diese beziehen sich auf die fünf Bücher der Buchserie:

- „Hätte ich mal…"
- „Ich war schon immer so…"
- „Das lasse ich hinter mir…"
- „Ich bin gut, so wie ich bin…"
- „Ich will endlich ankommen…"

Die Lektüre der Bücher ist natürlich keine Voraussetzung, um mit diesem Arbeitsbuch arbeiten zu können, aber wenn du das Bedürfnis hast, bei einem dieser Themen mehr in die Tiefe zu gehen und mehr Hintergrundwissen bekommen möchtest, sind sie eine gute Quelle für dich.

In diesem Buch liegt der Fokus weniger auf der Vermittlung von Hintergrundwissen, sondern auf dem Vermitteln von Tipps, Kniffen und Ideen für deine Selbstliebe-Praxis im Alltag und auch in Krisensituationen.

Folgende Fragestellungen bilden den Kern der einzelnen Themenblöcke:

→ Wie finde ich heraus, was wirklich wichtig ist im Leben?

→ Mit welchen Vergangenheitsthemen habe ich noch nicht abgeschlossen?

→ Wie kann mir die Begegnung mit meinem Inneren Kind helfen, mich besser zu verstehen, mit der Vergangenheit abzuschließen und mehr Leichtigkeit im Leben zu finden?

→ Wie kann ich mich selbst lieben und so annehmen wie ich bin, um schließlich ein glückliches Leben im Jetzt führen zu können?

→ Was braucht es noch dazu?

Diesen Themen widmen wir uns jeweils über einen Zeitraum von einer Woche.

Der Fokus liegt hier ganz klar auf der real im Alltag umzusetzenden Praxis. Natürlich sind auch ausgiebige Spa-Wochenenden oder tiefgreifende Retreats eine tolle Möglichkeit, an der eigenen Persönlichkeit zu arbeiten oder Blockaden zu überwinden und sie haben definitiv ihre Berechtigung. Im stressigen Alltag zwischen Arbeit, Haushalt, Partnerschaft, Familie und anderen Care-Aufgaben sowie gesellschaftlichen Verpflichtungen wirst du aber nicht immer die Zeit für solche intensiven Einheiten finden können. Daher sollst du mit diesem Buch Anregungen bekommen, wie du dich den einzelnen Themen schrittweise nähern kannst. Wichtig sind dabei die vielen kleinen Portionen, die du gut in deinen Alltag integrieren kannst. So kannst du dich ganz entspannt auf dieses neue Abenteuer einlassen, ohne dass es zu einer weiteren Stressquelle mutiert. Denn sicherlich hast du auch schon einmal erlebt, dass du von etwas gehört oder gelesen hast und das übernehmen wolltest, es dich aber nach ein paar Tagen schon gestresst hat, weil es einfach ein weiteres To-do auf der scheinbar nie enden wollenden Liste geworden ist? Dies soll durch die Struktur dieses Buches vermieden werden.

Du kannst dir die Arbeitsweise mit dem Buch stattdessen als wöchentliche Challenges vorstellen, bei denen du die Chance hast, theoretisches Wissen in die Praxis umzusetzen, um dadurch dein Leben auf ganz unkomplizierte Weise mit jedem Tag bunter und liebevoller zu gestalten. Du findest viele Ideen und Hinweise zur praktischen Umsetzung und die Möglichkeit zur Vertiefung und Reflexion der Themen. Da es vielen von uns schwerfällt, neue Verhaltensmuster in den Alltag zu integrieren, mag die Annäherung über eine Challenge ein guter Antrieb sein und eine nötige Motivation darstellen. Setzt dich diese Idee allerdings unter Stress oder neigst du dazu, dich selbst zu überfordern oder stark mit dir oder anderen zu wetteifern, schaffe dir ein anderes Gedankenkonstrukt, mit dem es dir gelingt, am Ball zu bleiben.

Kontinuität ist ein wichtiger Schritt auf deinem Weg und auch für die Arbeit mit diesem Buch wünschenswert. Der Mensch ist ein Gewohnheitstier und hält gern an alten Verhaltens- und Denkmustern fest – auch dann, wenn diese ihm vielleicht gar nicht mehr dienlich sind und er sie eigentlich ersetzen möchte. Das Umlernen ist zwar möglich, erfordert von dir aber mitunter eine gewisse Hartnäckigkeit. Je kontinuierlicher du an deinen Themen arbeitest, desto leichter werden die Änderungen im Alltag von der Hand gehen. Dir wird auffallen, dass du immer seltener in alte Verhaltensmuster zurückfällst und diese neue Form der Aktivität und Eigenverantwortung in deinem Leben wird dir auch weitere Änderungen erleichtern.

Einleitung

Die Challenges oder Themenkomplexe in diesem Buch erstrecken sich über sieben Tage: Zunächst tauchen wir etwas in das Thema ein, um uns dann dem Ganzen von unterschiedlichen Seiten zu nähern und eine Selbstverortung vorzunehmen. Danach werden wir verschiedene Techniken und Ideen ausprobieren, die dabei helfen können, unser Leben achtsamer zu gestalten.

Wenn du das Gefühl hast, dass du bei einem Thema oder einer Technik länger verweilen möchtest, nutze einfach ein oder zwei Vertiefungstage, um danach wieder mit dem Programm fortzufahren. So kannst du ganz in deinem eigenen Tempo vorgehen, ohne die anstehenden Aufgaben zu verschieben und das Ganze schleifen zu lassen. Gestalte dir das Ganze so flexibel wie nötig und so konstant wie möglich, damit du dich wirklich ganz auf die Thematik einlassen kannst. Erlaube dir den Raum und die Zeit, um dich mit dir selbst auseinanderzusetzen und dir selbst etwas Gutes tun zu können.

Kommen dir die Arbeit, die Kinder, gesundheitliche Einschränkungen oder andere Dinge in die Quere, lasse dich davon nicht beirren: Wenn du ein paar Tage aussetzen musst, starte einfach direkt dort, wo du aufgehört hast.

Natürlich gibt es auch die Option für dich, das Buch wie einen Werkzeugkasten zu betrachten, aus dem du dich bei Bedarf und je nach persönlichem Bedürfnis bedienen kannst. Du kannst also auch einfach zu dem Kapitel springen, das dich am meisten anspricht und dort starten. Auch die Möglichkeit, länger für ein bestimmtes Thema zu brauchen, ist wie gesagt immer gegeben. Du allein bestimmst, was du jetzt brauchst, denn dieser Aufbau ist lediglich als Empfehlung gedacht. Er kann von dir jederzeit individuell wie ein Baukasten mit verschiedenen Modulen genutzt und an deine persönliche Lage angepasst werden, sodass dir die größtmögliche Flexibilität geboten wird.

Die Challenges können je nach Tag und Thema verschiedene Mitmach-Aktionen umfassen: Fragebögen und Checklisten zum Ausfüllen zur vertiefenden Auseinandersetzung mit dem Thema, Übungen, kreative Herausforderungen und Techniken, zum Aktivwerden im Alltag und kleine Erste-Hilfe-Tipps für stressige Zeiten, in denen du nicht so viel Raum für ausgedehnte Selbstfürsorge-Sessions hast.

Damit du dich mit einem Blick schnell in den einzelnen Kapiteln zurechtfindest, kannst du die kleinen Symbole an den Buchseiten zur Orientierung nutzen:

Das Fragezeichen zeigt dir an, dass du mit dir selbst in den Austausch gehen und Dinge hinterfragen kannst. Dies wird vor allem zu Beginn der Kapitel der Fall sein, um dich selbst verorten zu können und zu sehen, wo du stehst.

Der Stift taucht als Symbol für freies Schreiben zu einem Thema auf. Dies kann dann der Fall sein, wenn du dich tiefer mit einem bestimmten Aspekt eines Themas auseinandersetzen oder dich anhand von Schreibübungen deinem Inneren nähern möchtest. Auch beim Erstellen von eigenen Zustimmungen oder Briefen wird dir der Stift begegnen.

Der Pinsel steht für Kreativarbeiten jeglicher Art. Keine Sorge, dafür musst du keine Frida Kahlo sein – es geht allein darum, dir auch noch andere Formen des Ausdrucks zur Verfügung zu stellen. Du kannst direkt ins Buch malen oder dir extra Papier zur Hand nehmen, wenn du mehr Raum für deine Kreativität brauchst.

Das Ausrufezeichen zeigt dir an, wo du Express-Tipps für Momente mit wenig Zeit und viel Bedarf findest. Nicht immer können wir uns unseren Alltag so strukturieren wie wir möchten und immer wieder treten unvorhergesehene Dinge in unser Leben. Damit du in solchen Zeiten nicht auf Achtsamkeit und Selbstfürsorge verzichten musst, bekommst du hier das nötige Rüstzeug in die Hand, um auch solche Phasen gelassen zu meistern.

Der Luftballon steht als Symbol für all die Übungen und Ideen, die dir eine spielerische oder ungewohnte Auseinandersetzung mit dem Thema ermöglichen. Neben all der inneren Arbeit, die eine solche Challenge, ein solches Projekt von dir fordert, darf auch der Spaß nicht zu kurz kommen, die Lust, etwas Neues auszuprobieren oder mal etwas ganz anders zu machen. Dieses spielerische Element kannst du auch gut dazu nutzen, den sogenannten Anfängergeist zu kultivieren und wie mit der begeisterungsfähigen Einstellung eines Kindes an die Thematik heranzutreten.

Das Herz signalisiert dir, dass du dich deinem Inneren zuwenden darfst, um dir selbst etwas Gutes zu tun. Entspannung und liebevolle Zuwendung tun dir sowohl auf geistiger als auch auf körperlicher Ebene gut – vor allem, wenn du dich auf so einen spannenden Transformationsprozess einlässt – Entspannungsübungen und das Praktizieren von achtsamer Eigenkommunikation sind nur einige der Methoden, die du kennenlernen wirst, um gut für deine Seele, dein Herz und deinen Körper zu sorgen.

Das Symbol der Sanduhr steht für eine Pausenzeit. Gönne dir hier ein paar Minuten des Innehaltens, bevor du mit deiner Lektüre fortfährst. Du kannst einfach kurz die Augen schließen und den aktuellen Moment wahrnehmen. Du kannst die Pausenzeit auch dazu nutzen nachzuspüren. Was macht das mit mir, was ich gerade gelesen, geschrieben, gemalt habe? Wie fühle ich mich jetzt? Wie habe ich mich vorher gefühlt? Was tut mir jetzt gut? Möchte ich fortfahren oder mir erst einmal etwas Zeit geben, um das Gelesene etwas sacken und ankommen zu lassen? Arbeitet noch etwas in mir, das Raum braucht? Möchte ich irgendwo genauer hinschauen oder fühle ich mich bereit, weiterzugehen? Bin ich neugierig und voller Tatendrang?

Das Listensymbol am Ende eines jeden Kapitels dient noch einmal der Rückschau und der inneren Inventur. Du kannst dir anhand der Liste vor Augen führen, welche Techniken und Mittel du in diesem Kapitel kennengelernt hast und abgleichen, welche du davon schon ausprobieren konntest, welche dir guttun, auf welche du noch neugierig bist und welche für dich weniger relevant sind. So füllt sich dein mentaler Werkzeugkasten von Kapitel zu Kapitel mit hilfreichen Tools, die dir auch über die Challenge hinaus gute Dienste leisten werden.

Du kannst die Listen auch zur Auffrischung nutzen, wenn du das Buch bereits durchgearbeitet hast und zwischendurch im stressigen Alltag eine kleine Erinnerung oder einen Stupser in die richtige Richtung brauchst. Schlag dann einfach die Inventurliste aus dem Kapitel auf, dessen Thema dich gerade am meisten umtreibt und vergegenwärtige dir, was du alles kannst und weißt, um gut für dich zu sorgen. Vertraue auf dich und dein Können und integriere deine Favoriten aus der Liste voller Wollwollen wieder in deinen Tag.

> **Wichtiger Hinweis:**
>
> In diesem Buch begegnen dir auch Themen oder Techniken, die in therapeutischen Settings behandelt oder genutzt werden (wie beispielsweise die Arbeit mit dem Inneren Kind) – aber natürlich kann die Arbeit mit dem Buch weder eine therapeutische Behandlung ersetzen noch irgendwelche Ergebnisse zusichern.
>
> Du kannst die Übungen, Informationen und Ideen selbstverständlich dazu nutzen, innere Blockaden zu erkennen, nicht mehr dienliche Muster aufzuspüren, Glaubenssätze zu entlarven, die dir möglicherweise schaden und auch die Anregungen aufgreifen,

um all die Dinge loszulassen, die dir nicht mehr guttun. Du kannst Techniken und Herangehensweisen, die du in diesem Buch kennenlernen wirst, aufgreifen und damit weniger erbauliche Dinge ersetzen.

Wenn du allerdings merkst, dass dich ein Thema tiefer berührt, du alleine beziehungsweise mit der Lektüre des Buches und den Übungen an deine Grenzen stößt, dann ist es immer sinnvoll, sich zu fragen, ob eine fachliche Unterstützung hier hilfreich sein könnte.

Bitte scheue dich nicht davor, professionelle Hilfe in Anspruch zu nehmen, wenn du merkst, dass du diese nötig hast. Es gibt verschiedene Möglichkeiten für dich, die du nutzen kannst – vom Coaching über die Beratungsstelle oder die Selbsthilfegruppe bis zur Psychotherapie. Das ist weder ein Zeichen von Schwäche noch von Aufgeben oder Verrücktsein – es ist ein Zeichen von Stärke, zu erkennen, wenn man allein nicht weiterkommt und von Mut, sich Hilfe zu suchen, die in der aktuellen Situation passt.

Auch das ist Selbstfürsorge. Es ist wichtig, dass du gut für dich sorgst und dich mit deinen Bedürfnissen ernst nimmst. Natürlich ist es nicht leicht, sich von gesellschaftlichen Erwartungen oder vielleicht auch den eigenen frei zu machen („Ich bin stark, ich muss alles schaffen" „Ich bin nicht belastet/müde/Ängstlich/krank genug, um mir Hilfe zu holen."), aber du darfst dich selbst mit deinen Belangen genauso sehen und wertschätzen, wie du es bei deinen Lieben um dich herum machst.

Das Gleiche gilt, wenn du bereits professionelle Hilfe in Anspruch nimmst: Sprich vorab mit deiner Therapeutin, deinem Coach, deiner Ärztin und überlegt gemeinsam, ob und wie dieses Buch dir gerade jetzt auf deinem Weg gute Dienste leisten kann. Vielleicht gibt es einen Bereich, den du erst einmal ausklammern möchtest, wenn du starke Verletzungen erfahren hast – vielleicht ist es aber auch eine großartige Ergänzung auf deinem aktuellen Weg und du wirst erleben, dass dich die Anregungen gut unterstützen. Sprich mit deinem Gegenüber über das, was dich bewegt und bleib dabei in Kontakt mit dir selbst – du bist der Experte für dich!

Falls das Buch gerade nichts für dich ist oder nur in Auszügen funktioniert – kein Problem! Papier ist geduldig und die Anregungen, die du aus der Lektüre mitnehmen kannst, laufen dir nicht weg. Nochmals: Sorge gut für dich und gib auf dich und deine Grenzen acht! Und wenn du dann soweit bist, wird das Buch da sein und einen guten Fundus an Ideen und Anregungen darstellen, die du nutzen kannst, um dein Wohlbefinden zu stärken und dein Leben bunter zu gestalten!

Woche 1
Was ist mir wirklich wichtig in meinem Leben? Den Herzenswünschen auf der Spur!

Reue ist Klugheit mit Verspätung
– aus Irland

Tag 1 - Hintergrundwissen sammeln: kurze Zusammenfassung für einen informierten Start

Herzlich Willkommen zu deiner ersten Wochen-Challenge!

Damit du bestens gerüstet in dein neues Abenteuer startest, bekommst du am ersten Tag ein wenig Hintergrundwissen an die Hand, um bestens informiert durchstarten zu können.

In dem Buch „Hätte ich mal..." dreht sich alles um deine Herzenswünsche: Wie kannst du diese umsetzen und wie kannst du sie überhaupt erkennen?

Viele Menschen bemerken erst, wenn eine Chance verstrichen ist, dass da etwas war, was ihnen wichtig war. Dieses Gefühl der Reue ist für viele Personen mitunter der einzige Indikator für echte Herzenswünsche, denn der Zugang zu diesen kann im hektischen Alltag schnell verloren gehen. Während wir uns in der Kindheit und der Jugend noch viel und gern in Tagträumen verlieren, uns intensiv mit unseren Wünschen auseinandersetzen und uns unsere Zukunft erträumen, ist für diese besondere Form der Innenschau zwischen Arbeit, Kinderbetreuung und andere Verpflichtungen oftmals weder die nötige Zeit noch die Muße vorhanden.

Dann haben wir den Zugang zu dem, was uns wirklich wichtig ist, verloren. Ein diffuses Gefühl von Sinnlosigkeit kann damit einhergehen, das Gefühl, nicht richtig zu leben, die eigenen Möglichkeiten nicht voll auszuschöpfen, sich nicht zu verwirklichen. Nicht selten hetzen wir auch Träumen hinterher, die in Wirklichkeit gar nicht unsere eigenen sind und bei näherer Betrachtung eher den eigenen Eltern, dem Lieblingsmenschen oder anderen Personen aus unserem Umfeld zugeschrieben werden können.

Aber weder das Verfolgen von Träumen, die nicht unsere eigenen sind, noch das absolute Verschließen gegenüber diesem inneren Sehnen fühlt sich auf Dauer gut für uns an.

Unzufriedenheit, Tristesse oder Trauer über ungelebte Chancen können sich dann über die Zeit bei dir einstellen, auch wenn du dies mitunter gar nicht zuordnen kannst.

Auch Neid und Eifersucht gegenüber Menschen, die deiner Meinung nach ein erfülltes Leben haben, sind häufig Auswirkungen nicht gelebter Träume. Das ist besonders belastend, wenn du eigentlich ein sehr empathischer und großzügiger Mensch bist, der seinem Umfeld nur das Beste wünscht und sich gern mit anderen freut und ihre Erfolge aufrichtig mit ihnen feiern möchte.

Das Gefühl der Reue, sich falsch verhalten oder entschieden zu haben, kann sich zudem nicht nur mental auf uns auswirken, sondern auch auf körperlicher Ebene wirken. So können sowohl deine Abwehrkräfte als auch dein Hormonhaushalt aus dem Takt geraten und dich so zusätzlich belasten. Insbesondere nicht getroffene Entscheidungen oder nicht ergriffene Chancen fallen dabei ins Gewicht. „Was wäre, wenn ich mich damals für Michael entschieden hätte/ich doch das Jahr ins Ausland gegangen wäre/ich in der Firma in meinem Heimatort geblieben wäre?"

Diese Gedanken können sich zu wahren Hirngespinsten auswachsen, in denen man immer wieder mögliche Szenarien entwickelt und überlegt, in welche Richtung das Leben hätte laufen können. Meist handelt es sich dabei um Wendepunkte, an denen die Personen sich lieber für die sichere Variante entschieden haben, obwohl ihr Herz vielleicht in eine andere Richtung gedrängt hatte. Der sichere Weg, die eigene Komfortzone wird so mitunter zu einem inneren Gefängnis, in das man sich selbst eingesperrt hat, immer mit dem Blick auf die Vergangenheit und dem unangenehmen Gefühlsmix aus Reue und Sehnsucht nach etwas, das so nicht mehr möglich ist.

Gönne dir eine kleine Pause und beobachte, was sich in dir tut. Wie geht es dir? Treten Emotionen oder Erinnerungen an die Oberfläche, nachdem du diese einführenden Sätze gelesen hast? Fühlst du dich an etwas erinnert, was immer mal wieder anklopft? Falls ja, nimm dir ein paar Momente Zeit, um das, was sich da in dir abspielt, zu beobachten – wie einen inneren Film. Versuche, dabei nicht in die Bewertung zu gehen, sondern einfach aufmerksam zuzuschauen. Treten keine Gedanken oder Gefühle besonders in den Vordergrund, nutze die kleine Pause für ein paar bewusste Atemzüge und das Verinnerlichen des eben Gelesenen.

Bevor du jetzt weiterliest, überlege einmal kurz:

→ Schleichen sich in deinen Kopf manchmal Satzanfänge, wie „Hätte ich doch mal ...", „Wäre ich damals doch ..." oder „Wieso habe ich mich bloß dagegen/dafür entschieden?"

Keine Sorge, damit bist du nicht allein! Dennoch wirkt sich dieses Gefühl der Reue meist wider Erwarten nicht motivierend auf uns aus, in dem Sinne, dass wir dann eben jetzt das Glück bei den Hörnern greifen und unsere Träume umsetzen. Stattdessen neigen wir beim Verspüren von Reue dazu, bitter zu werden, aufzugeben, in Situationen zu verharren und sie als gegeben hinzunehmen. „Das war halt schon immer so", „Jetzt kann ich in meinem Alter auch nichts mehr ändern" oder „Ich habe mich dafür entschieden, jetzt muss ich auch damit klarkommen", sind weit verbreitete innere Glaubenssätze, die uns davon abhalten, aktiv zu werden.

Aber dein Leben ist keine Suppe, die du dir eingebrockt hast und die du jetzt auslöffeln musst. Dein Leben ist immer im Wandel, ein steter Prozess, den du aktiv mitgestalten kannst. Natürlich musst du die Konsequenzen deiner früheren Entscheidungen tragen. Vielleicht hast du dein Studium abgebrochen, um deinen Partner in seiner Karriere zu unterstützen und die Kinder zu versorgen. Und ja, vielleicht hast du jetzt weder Zeit noch Lust, die typischen Erstsemesterpartys mitzumachen und in einer wilden WG zu wohnen und dich um den Putzplan zu streiten. Ja, diese Zeit ist vielleicht vorbei (und vielleicht ist das auch gar nicht so schlimm ...). Aber das bedeutet nicht, dass du dein Studium nicht wieder aufnehmen kannst, wenn es dein innerer Herzenswunsch ist. Vielleicht kannst du aufgrund deiner anderen Verpflichtungen nicht in Vollzeit studieren. Vielleicht bietet sich aufgrund deiner Lebenssituation eher eine Fernuniversität an als eine Präsenzuni, sodass du ortsunabhängig bist.

Es gibt die verschiedensten Wege, ein Ziel zu erreichen und wenn du nach einer längeren Pause den Weg wieder aufnimmst, bist du keinesfalls darauf beschränkt, die früher gewählte Route zu nutzen. Dir stehen die unterschiedlichsten Zugänge offen und es liegt in deiner Hand, herauszufinden, wie du dein Ziel bestmöglich erreichst.

Fehlentscheidungen sind dabei übrigens natürlich und menschlich. Wir lernen durch Fehler und eine gesunde Fehlerkultur kann auch im Umgang mit den eigenen Wünschen und dem Umgang mit Reue sehr hilfreich und wertvoll sein. Bitte erlaube dir weiterhin, Fehlentscheidungen treffen zu dürfen, auch wenn du dich aktiv um ein Leben bemühst, bei dem du nicht viel bereuen musst, was du selbst zu verantworten hast. Versuche, eine Fehlerkultur zu etablieren, bei der du dir wohlwollend und verständnisvoll begegnest und bei der du deine Frustrationstoleranz entsprechend ausbaust, um mit Rückschlägen und Umwegen gut umgehen zu können. Nicht immer wird dich der direkte Weg zum Ziel führen und die wenigsten von uns können einen perfekten, absolut gradlinigen Lebenslauf aufweisen, in dem alles nach ihrem Sinn gelaufen ist. Aber wie heißt es so schön: Umwege erhöhen die Ortskenntnis!

Lerne, dein Wissen, das du bis heute erworben hast, zu deinen Gunsten zu nutzen und für die Umsetzung deiner Träume einzusetzen. Traue dich, dein Leben selbst in die Hand zu nehmen und in die richtige Richtung zu lenken, die Verantwortung für dein Lebensglück und die Umsetzung deiner Herzenswünsche zu übernehmen. Das mag auf den ersten Blick eine große Herausforderung sein, aber sei dir sicher: Es lohnt sich!

Tag 2 - Verortung: Wo stehe ich?

*„Deine Herzenswünsche sind Botschaften deiner Seele,
die dich an deinen Ursprung erinnern."*

- I. Rauthmann

Willkommen zurück. Wie geht es dir nach deinem ersten Tag? Hast du Lust, aktiv zu werden? Super!

Um dich auf einem Stadtplan zurechtzufinden und die bestmögliche Route zu deinem Ziel zu entdecken, ist es wichtig, zu wissen, wo du stehst. Dies wird dir meist durch einen roten Punkt oder einen schwarzen Pfeil markiert, der dir klar anzeigt, von wo deine Reise startet. Auch im echten Leben könnten wir einen solchen Marker hin und wieder gebrauchen, denn im stressigen Alltag ist uns mitunter nicht immer klar, wie die eigene Einstellung zu Dingen ist, welche unbewussten Muster und Schutzmechanismen wirken oder inwiefern Äußerungen von außen oder übernommene Wertvorstellungen uns in unserem Denken und Handeln beeinflussen.

Wünsche und Träume sind etwas sehr Individuelles, aber genau wie alle anderen Bereiche und Aspekte in unserem Leben sind auch sie beeinflusst von unserer Umwelt. Die meisten von uns haben erlebt, dass ihre Träume von außen bewertet wurden. In der Kindheit und Jugend von Eltern, Geschwistern, Lehrern, Erziehern oder Gleichaltrigen, die unsere Pläne möglicherweise als albern, großspurig oder überspannt bezeichnen.

Aber auch durch Medien und Tradition werden uns bestimmte Werte und Normen vermittelt. Wer davon abweicht, muss sich auf Gegenwind einstellen und gerade in den Jahren, in denen wir von unseren Bezugspersonen finanziell und emotional abhängig sind, haben wir selten die innere Stärke und die Ressourcen, uns dagegen zu stellen. Zudem wollen wir als Gemeinschaftswesen ein Zugehörigkeitsgefühl verspüren und wählen daher nicht selten einen Weg, der uns weiterhin Teil der Gruppe bleiben lässt. Die Angst, aufgrund der Verfolgung eigener Träume aus einer Gemeinschaft ausgestoßen zu werden, ist groß und nicht selten berechtigt. Dies führt gerade bei Frauen häufig dazu, dass sie ihre Möglichkeiten nicht voll ausschöpfen und sich mit weniger begnügen, als eigentlich möglich wäre.

Je nachdem, in welcher Zeit, Kultur und Umgebung wir aufwachsen, unterscheiden sich die als für uns annehmbaren Wünsche und Träume. Während es noch vor 100 Jahren undenkbar war, ist es heute für die meisten von uns normal, dass ihnen der Zugang zu einer höheren Bildung prinzipiell offensteht. Aber auch heute halten sich überholte Vorstellungen hartnäckig, dass eine Frau, die doch ohnehin die Kindererziehung und den Haushalt übernehmen wird, keine besondere Aufmerksamkeit auf ihre Ausbildung legen sollte. Gibt es ein familieninternes Geschäft, sehen es die Eltern gern, wenn es vom Nachwuchs übernommen wird und Äußerungen wie „Schuster, bleib bei deinen Leisten!", können wir zwar nervig finden – wenn wir sie aber unsere ganze Kindheit und Jugend über hören, macht das etwas mit uns. Wir wollen weder anecken noch als überspannt oder überheblich wirken und dann ist da auch noch die große Angst vor dem Scheitern.

Wer seine Ziele nicht zu hoch steckt, kann nicht so tief fallen – verbleibt dabei aber mitunter in einer Mittelmäßigkeit, die nicht zufrieden macht. Leider herrscht in unserer Gesellschaft immer noch eine eher negative Fehlerkultur. Während Kinder in ihren Lern- und Reifungsprozessen Fehler machen dürfen und ihnen ein Ausprobieren und Experimentieren zugestanden wird, heißt es spätestens zum Ende der Schullaufbahn: „Jetzt beginnt der Ernst des Lebens!"

Du sollst dich entscheiden, deine Träumereien aufgeben und der harten Realität ins Auge blicken! Wer dann trotzdem Dinge ausprobiert und möglicherweise scheitert, muss sich in den meisten Fällen eher ein „Hab ich's doch gesagt! Du hast den Mund zu voll genommen!" anhören, statt ein „Toll, dass du es probiert hast. Wo lag der Fehler? Willst du es noch mal versuchen oder hast du festgestellt, dass es doch nichts für dich ist?" Dadurch ist es für viele von uns sehr gewagt, sich den eigenen Träumen zu nähern oder ihnen im Alltag so etwas wie eine Berechtigung einzuräumen. Wie ist das bei dir?

→ Gehörst du zu den Leuten, die den Zugang zu ihren wahren Herzenswünschen verloren haben?

→ Betrachtest du Träume als kindische Albernheit, die in der Realität nichts verloren haben und die man sich als Erwachsener nicht zu erlauben hat?

→ Hast du Träume, bist aber an der Umsetzung gescheitert und hast dich jetzt zurückgezogen?

Nimm dir ein paar Minuten Zeit, die folgende Liste auszufüllen:

	Ich stimme zu.	Ich stimme teilweise zu.	Ich stimme nicht zu
Ich hatte meine Chance und hab's verbockt.			
Für solche Albernheiten habe ich keine Zeit.			
Das ist nur etwas für Leute, die es sich leisten können.			
Ich weiß eigentlich nicht, was ich will.			
Ich weiß immer nur, was ich nicht will.			

Ich weiß, was ich will, habe aber Angst vor dem, was die anderen sagen.			
Ich bin zu alt/dick/dumm, um noch einmal etwas in meinem Leben zu verändern			
Man kann nicht alles im Leben haben und so schlecht geht es mir ja auch nicht.			
Ich sehne mich nach einer Änderung, weiß aber nicht, was ich mir wünsche.			
Ich habe einen Lebenstraum, der aber außerhalb meiner Reichweite liegt.			
Hätte ich damals xy gemacht, wäre ich jetzt glücklicher.			
In unserer Familie sind wir halt so/haben das schon immer so gemacht.			
Ich muss funktionieren und kann mich nicht um meine Bedürfnisse kümmern.			
Wieso sollte es gerade bei mir klappen?			
Ich kenne meine Herzenswünsche, habe aber keine Ahnung, wie ich sie umsetzen soll.			

Ich kenne meine Herzenswünsche, müsste aber tiefgehende Veränderungen vornehmen, um sie umzusetzen und habe Angst davor.			
Ich setze meine Träume gerade um, aber sie passen nicht mehr zu mir – darf ich die Richtung wechseln, obwohl ich so viel investiert habe?			
Ich fühle mich verpflichtet, die Träume meiner Eltern/meiner Kinder/meines Mannes umzusetzen.			
Ich fühle mich verpflichtet, die Träume meiner Eltern/meiner Kinder/meines Mannes zu unterstützen und mich zurückzunehmen.			

Wichtig: Bei dieser Liste gibt es kein Richtig oder Falsch. Vielleicht erkennst du aber einen Schwerpunkt, der sich beim Beantworten abzeichnet. Meist lassen sich verschiedene Typen herauskristallisieren: Zum einen gibt es Menschen, die ihre Träume aufgegeben haben – entweder, weil sie die Einstellung übernommen haben, dass diese kindisch sind oder ihnen ohnehin nicht zustehen, sie diese anderen überlassen müssen oder ihre Bedürfnisse einfach nicht wichtig genug sind. Auch das Scheitern kann dazu führen, dass wir einen kategorischen Schlussstrich ziehen und mit dem Thema nichts mehr zu tun haben wollen, weil dieses Erlebnis mit starken und als sehr unangenehm bewerteten Gefühlen verbunden ist und war. Möglicherweise haben wir auch Häme oder Ablehnung erfahren, mussten finanzielle oder emotionale Verluste beklagen und auch unser Ego hat mit einer solchen Erfahrung häufig zu kämpfen.

Vielleicht haben wir gute Startbedingungen gehabt, aber im stressigen Alltag zwischen Steuererklärung und Meeting den Zugang zu unseren Herzenswünschen verloren. Nicht selten vernachlässigen wir auch wichtige Wünsche aus diversen Lebensbereichen und stellen diese für die Umsetzung eines anderen Wunsches hintenan. Dies kann dann geschehen, wenn wir unsere Karriere für die Familie zurückstellen und dann keine Möglichkeit mehr finden, uns in unserem Beruf zu verwirklichen oder wenn wir uns für den Traum vom Eigenheim in eine solche finanzielle Bedrängnis bringen, dass wir nur noch ans Geldverdienen denken können und die Zeit im Haus gar nicht genießen können.

Vielleicht hast du aber auch festgestellt, dass dir deine Herzenswünsche durchaus bewusst sind – du aber nicht weißt, ob und wie du sie realisieren kannst oder ob du sie überhaupt realisieren darfst, ob es dir zusteht, deinen Träumen Raum zu geben.

Oder du fürchtest dich schlichtweg vor den Veränderungen, die mit dem Umsetzen deiner Träume einhergehen und zögerst, ob du die Komfortzone verlassen kannst. Was würden die Nachbarn sagen, wenn du dich endlich so farbenfroh kleidest, wie du möchtest? Bist du dafür nicht zu alt, zu seriös? Was sagt die Familie, wenn du mit 35 dein Studium wieder aufnehmen und beenden willst?

Oder geht es dir so, dass du viel Zeit und Herzblut in die Umsetzung von Träumen gesteckt hast, die dir nun wie eine Last auf den Schultern liegen? Die eigentlich nicht mehr deine sind, die du aber mit dir herumgeschleppt hast, wie einen zu klein gewordenen Kaschmirpullover – den du eigentlich nur behältst, weil du ihn immer haben wolltest und weil er so teuer war und es ja bescheuert wäre, ein so gutes Stück wegzugeben – auch wenn er einfach nur kratzt und spannt und dich gar nicht glücklich macht. Sich einzugestehen, dass du alten Idealen und Träumen nachgelaufen bist, die nicht deine eigenen waren oder zu einer jüngeren Version deiner Selbst gehören, kann besonders herausfordernd sein, weil du meist viel Zeit und auch Ressourcen in die Umsetzung gesteckt hast und nicht selten auch an anderer Stelle zugunsten dieser Dinge verzichtet hast.

Lernen, damit seinen Frieden zu finden und dieses Kapitel abzuschließen, kann aber dringend notwendig sein, um sich dann ohne allzu viele Altlasten auf die Reise zu machen zu deinen aktuellen Herzensträumen.

> ♥ Wie geht es dir mit dem Ergebnis der Liste? Hattest du schon eine Ahnung, dass es in die Richtung gehen könnte oder hast du neue Erkenntnisse gewonnen? Gerade, wenn wir feststellen, dass wir uns die Träume anderer haben überstülpen lassen, können viele widersprüchliche Emotionen auftreten, von Wut über sich selbst oder die anderen bis zu Trauer oder Scham. Achte jetzt ganz besonders auf die Art und Weise, wie du mit dir selbst redest. Das gilt auch dann, wenn du dich einem anderen Typus zuordnest oder du dich in dem Verhalten und Denken mehrerer Typen wiederfindest. Nicht selten beginnen wir uns innerlich Vorwürfe zu machen, uns klein zu reden oder uns regelrecht zu beschimpfen. Kehre diese Tendenz aktiv und bewusst um. Bemerkst du einen solchen inneren Dialog, halte einen Moment inne und überprüfe das Gesagte auf seinen Wahrheitsgehalt. Warst du wirklich ein dummes Schäfchen, das blind den Wünschen der Eltern gefolgt ist oder entstand diese Wahl aus dem Bedürfnis, die Eltern nicht zu kränken und gemocht zu werden? Warst du vielleicht nicht informiert oder selbstbewusst genug?

Versuche, dein früheres Ich zu verstehen und ihm liebevoll zu begegnen, ohne aber die Verantwortung abzuschieben. Erstaunlicherweise fällt es den meisten von uns leichter, liebevoll mit anderen Personen als mit uns selbst umzugehen. Bemerkst du, dass es dir auch so geht, dann stelle dir vor, wie du mit einer engen Freundin oder deiner Tochter sprechen würdest, wenn sie in einer solchen Situation Rat und Trost bei dir suchen würde. Du würdest wohl kaum die „Na, ich hab's dir doch gesagt. Wie kann man nur so dumm sein? War ja klar, dass du mal wieder alles versauen würdest!"-Keule raushauen, sondern versuchen, Verständnis zu zeigen und zu schauen, wie etwas Gutes aus der Situation zu ziehen ist. Schenke dir auch selbst diese Form der Zuwendung und versuche, über den Tag immer wieder zu diesem achtsamen Umgang zurückzufinden!

Tag 3 - Wessen Träume trage ich ebenfalls?

„Unerfüllte Wünsche hinterlassen gern Narben."

- E. Blanck

Hallo! Wie geht es dir heute? Wie fühlst du dich, nachdem du gestern auf deinen inneren Dialog geachtet hast? Ist es dir gelungen, diese achtsame Haltung über den Tag hinweg mitzunehmen? Oder ist es in dir immer wieder auf Autopilot gesprungen? Versuche, das Ganze bitte wertfrei zu betrachten, wenn du dir im Folgenden etwas Zeit nimmst, um den gestrigen Tag und diese Technik zu reflektieren:

_____

_____

_____

_____

_____

_____

_____

_____

Heute geht es noch einmal darum, dich intensiver mit der Entwicklung deiner Träume auseinanderzusetzen.

Wie wir bereits angeschnitten haben, gibt es viele Gründe, warum ein Mensch seine Träume aus dem Blick verliert oder ihnen eine andere Gestalt gibt. Nicht selten sind dafür Menschen aus dem näheren Umfeld verantwortlich, die versuchen, ihre gescheiterten Pläne durch dich umzusetzen.

Das muss keinesfalls so plakativ sein wie im berühmt-berüchtigten Beispiel der gescheiterten Ballett-Tänzerin, die ihre Tochter in den Tanzsaal drängt. Und nicht selten geschieht dies auch mit den besten Hintergedanken: Meine Tochter soll es einmal besser haben. So wurdest du vielleicht zu einer Hochschulausbildung gedrängt, obwohl du viel lieber eine praktische Handwerkslehre absolviert hättest. Oder dir wurde die Ehe mit dem gut verdienenden Sohn des Firmenchefs nahegelegt, obwohl du dir gar nicht ganz so sicher warst. Möglicherweise hat auch eine Lehrerin oder ein Trainer ein Talent in dir gesehen und dich dahingehend gefördert und gefordert – auch wenn du gar keine Absichten hattest, aus deinem Freizeitvergnügen Profit zu schlagen oder eine Karriere zu machen.

Es gibt aber noch weitere Dinge, die uns in der Gestaltung und Vorstellung unserer Lebensträume beeinflussen: Vielleicht weißt du nicht um die Möglichkeiten, die dir offenstehen und träumst sehr klein. Vielleicht wird in der Kultur, in der du groß geworden bist, ein bestimmter Lebensentwurf von dir erwartet, dem du aus Angst vor Ablehnung durch die Gesellschaft zu entsprechen versuchst.

→ Kommen da ein paar Bilder in dir hoch?

Schnappe dir ein paar Zeitschriften oder ein paar Stifte und bringe diese Bilder auf Papier. Klebe, zeichne, ganz wie du magst – bis du ein klares Bild von dem vor dir hast, von dem du glaubst, dass andere dich so sehen wollen. Als Karrierefrau in einer großen Stadt? Als Mutter und Ehefrau? Mit Haus?

→ Wie fühlst du dich, wenn du dir diese Collage, dieses Bild anschaust?

→ Erkennst du dich wieder?

Jetzt nimm dir einen zweiten Bogen Papier zur Hand und erstelle noch einmal eine Collage. Dieses Mal aber mit all deinen Lebensträumen – ganz egal, wie klein oder groß, wie ausgefallen oder seltsam sie dir erscheinen mögen! Niemand außer dir muss dieses Blatt zu Gesicht bekommen und für Träume bestehen keine Regeln. Wenn du deinen inneren Richter bemerkst, stelle ihn liebevoll, aber konsequent in die Ecke und bastle ungehemmt weiter.

Kleiner Tipp: Wenn du eher digital unterwegs bist, findest du online einige tolle Apps, die du ebenfalls zum Erstellen von Themen-Collagen nutzen kannst. Das geht auch prima in einer Wartepause beim Zahnarzt am Handy.

→ Wie fühlst du dich beim Betrachten dieses Bildes?

→ Erkennst du dich jetzt?

→ Inwiefern weichen die beiden Bilder voneinander ab?

Nimm dir ein paar Minuten zum Nachspüren.

Nach dem Innehalten kannst du dir, wenn du magst, ein paar Notizen machen und dir auch notieren, ob ein bestimmtes Thema in den letzten Tagen immer wieder besonders präsent war. Dies kann ein wunderbarer Hinweis auf einen Herzenswunsch sein.

_____

_____

_____

_____

_____

_____

_____

_____

_____

_____

Tag 4 - Wo will ich hin: Ideen, Pläne, Zukunftsvisionen

„Sehnsucht ist der Wünsche Flug."

- A. De Nora

Wenn du weißt, wo du stehst, bietet das die besten Bedingungen für den Start deines Ausflugs, deiner Reise, deines Lebenswegs. Damit du aber auf dem Weg dahin nicht vollkommen planlos durch die Gegend wanderst, solltest du auch dein Ziel kennen, deinen Lebenstraum. Es ist nicht unbedingt notwendig, den einen riesigen Lebenstraum zu verfolgen. Vielmehr kann es sich auch um kleine Träume und Wünsche handeln, die in der Summe zu einem völlig neuen Lebensgefühl führen können und dir das ermöglichen, was du dir von deinem Leben erhoffst.

Vielen von uns fällt es bedeutend leichter, klar zu benennen, was sie nicht möchten. Wir können klar sagen, welche Zukunftsszenarien wir absolut nicht ertragen könnten und nicht selten sind wir auch im Ausmalen von Horrorvisionen erstaunlich ausdauernd.

Wie steht es nun aber um das, was wir wirklich wollen? Welche Ideen tauchen in uns auf? Welche Zukunftsvisionen haben wir, um dementsprechend Pläne zu schmieden und uns unsere Route auszusuchen?

Die Psychologie geht davon aus, dass der Mensch in verschiedenen Bereichen persönlichen Erfolg verbuchen muss, um sich glücklich, zufrieden und erfüllt zu fühlen: Es gibt zahlreiche Modelle, die diese Gesamtheit an Aspekten darzustellen versuchen.

Im folgenden Beispiel findest du sechs wichtige Bereiche in einem Kreis dargestellt:

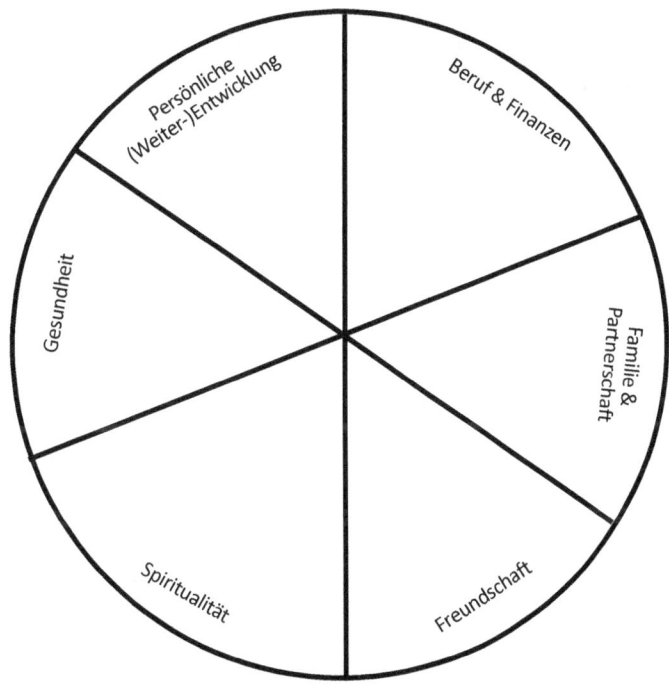

Ordne jetzt jedem Bereich eine Farbe zu und male den jeweiligen Kreisabschnitt so weit aus, wie du ihn bei dir erfüllt siehst. Stehen bei dir etwa im Bereich Job keine Wünsche mehr offen, male dieses Segment zum Beispiel komplett blau aus. Vermisst du Spiritualität gänzlich in deinem Leben, bleibt dieser Abschnitt weiß und würdest du dir tiefere oder mehr Freundschaften und soziale Kontakte wünschen, fülle das Feld nur ein Drittel oder Viertel – eben genau so, wie es sich für dich stimmig anfühlt und wie es dein momentanes Empfinden am besten widerspiegelt.

So erhältst du auf den ersten Blick ein Schaubild von deiner aktuellen Situation.

Betrachte nun das Bild mit folgenden Fragestellungen im Hinterkopf:

- → Herrscht eine gewisse Balance in deinem Leben?
- → Sind die Bereiche in etwa gleich weit ausgemalt?
- → Oder wird deutlich, dass du die Erfüllung bestimmter Bereiche vermutlich auf Kosten anderer Bereiche ermöglichst?
- → Wie kannst du hier für Ausgleich sorgen?
- → Ist dir ein bestimmter Bereich möglicherweise gar nicht wichtig im täglichen Leben?
- → Wieso ist das so?
- → Denkst du möglicherweise, dass dieser Bereich dir sowieso nicht zusteht, etwa eine erfüllte Partnerschaft?

Nutze die verbleibenden weißen Stellen im Kreis und schreibe in diese hinein, was sie füllen könnte: Möchtest du bestehende Freundschaften vertiefen, um das Segment 1 auszufüllen oder das Kriegsbeil mit deiner Lieblingstante begraben, um Segment 2 vervollständigen zu können?

Tag 5 - Potenzielle Hindernisse erkennen: Mit welchen Vergangenheitsthemen habe ich noch nicht abgeschlossen?

„Traurig sein verbirgt viele unerfüllte Wünsche."

- K. Eisenlöffel

Hallo zurück! Wie geht es dir heute? Arbeiten noch Gedanken vom Vortag in dir nach?

Prima! Heute nähern wir uns unseren Lebensträumen wieder ein kleines Stückchen, dieses Mal im Hinblick auf das, was uns den Weg dorthin möglicherweise erschwert oder verbaut.

Bleiben wir beim Bild des Weges oder der Reise, ist eine gute Vorbereitung für das Erreichen des Ziels entscheidend. Sind wir nicht gut vorbereitet und ausgerüstet, wird die Reise möglicherweise unnötig erschwert oder wir müssen Hindernisse und Umwege bewältigen, die bei einer anderen Routenplanung vermeidbar gewesen wären. Wir können bei einer entsprechenden Planung auch abschätzen, wie lange wir ungefähr für die Reise brauchen werden und uns bei längeren Touren Etappenziele setzen. Diese dienen zum einen dazu, die Motivation aufrechtzuerhalten, um die lange Strecke zu bewältigen, zum anderen dazu, wieder neue Kraft zu schöpfen für die kommenden Herausforderungen.

Nimm dir einen Stift und beginne in dem Bild unten deinen Weg ab dem Punkt, der dich markiert, einzuzeichnen – bis hin zu deinem Herzenswunsch (der natürlich durch das Herz dargestellt).

→ Ist es ein gerader Weg oder ein verschlungener?
→ Welche Hindernisse und Meilensteine werden dir vermutlich begegnen?

Wenn dir der Sinn mehr nach Bewegung steht, nimm dir ein Knäuel Wolle oder die Springseile deiner Kinder und lege dir einen Weg in deiner Wohnung oder im Garten. Gehe ihn bewusst Schritt für Schritt, während du dir vorstellst, dass du deinem Ziel entgegengehst. Spüre dabei in dich hinein:

→ Wo stockst du instinktiv?
→ An welcher Stelle verlangsamen sich deine Schritte?
→ Wo beschleunigst du?
→ Wo baust du eine Ecke ein?
→ Gibt es Sackgassen, die du zurückgehen musst?

Es geht nicht darum, einen Weg zu finden, der vollkommen frei von Herausforderungen ist. Meistens ist die Änderung unseres Lebens mit etwas Anstrengung verbunden, nicht zuletzt dadurch, weil wir uns aus unserer Komfortzone hinausbewegen und Neuland betreten. Wenn du aber von potenziellen Schlaglöchern und Bergen weißt, kannst du dir deine Kräfte einteilen, entscheiden, wann es sinnvoller ist, einen Umweg zu gehen und dir auch bewusst Strategien zurechtlegen, wie du mit der jeweiligen Herausforderung umgehst.

Zum einen geht es darum, deine Träume und Wünsche einem Realitätscheck zu unterziehen. Das klingt jetzt zwar nicht besonders verträumt, aber es hilft, die echten Träume in irgendeiner Form am Leben zu halten. Vielleicht ist es nicht mehr realistisch, dass du Profi-Schwimmerin wirst – aber was spricht dagegen, sich eine Dauerkarte fürs Schwimmbad zu besorgen und wieder regelmäßig Bahnen zu ziehen? Finde Möglichkeiten, deine Träume in neuer, realistischerer Gestalt in dein Leben zu integrieren und sei dabei ruhig kreativ.

Tag 6 – Achtsam Reisen

"Kleine Erfolge sind das Sprungbrett großer Wünsche."

H. Joost

Nach dem aktiven Planen deiner Herzenswunsch-Reise kommen wir heute zu einem ebenso wichtigen Thema: dem des achtsamen Reisens oder Entwickelns. Wenn du dich deinen Lebensträumen nun bewusst nähern willst, kann es leicht passieren, dass deine Begeisterung dich mitreißt und du dich überforderst. Sei es, dass du bei einem lang geplanten Minimalismus-Projekt liebgewonnene Erinnerungsstücke weggibst, weil du einem gedachten Ideal entsprechen willst oder dass du dich so bei der Arbeit überforderst, dass deine Gesundheit leidet.

Hau-Ruck-Methoden und Härte gegen dich selbst haben in diesem Prozess allerdings keinen Platz. Natürlich ist eine gewisse Disziplin notwendig, um deinen Zielen näherzukommen – insbesondere dann, wenn es sich um ein weit gestecktes Ziel in gewisser Ferne handelt. Aber dies darf nie auf Kosten deiner seelischen und körperlichen Gesundheit geschehen. Crash-Diäten, um die Traumfigur zu erreichen oder eine Workaholic-Attitüde helfen dir nicht langfristig weiter, sondern schaden dir eher.

Daher widmen wir uns nun dem achtsamen Reisen.

Wie kannst du auf deinem Weg gut für dich sorgen? Achte dabei sowohl auf mentale als auch auf körperliche Bedürfnisse und versuche, dich nicht mit anderen zu vergleichen. Nur du steckst in deinem Körper und musst mit den individuellen Bedingungen umgehen, die aktuell deine Lebenswelt bilden – und deshalb kann dein Pensum und Weg ganz anders aussehen als der deiner Schwester oder Kollegin.

Wo könntest du also strategisch sinnvolle Etappenziele einbauen, um die große Strecke zu einem größeren Traum in kleine, gut zu bewältigende Abschnitte zu unterteilen? Vielleicht wolltest du schon immer Französisch sprechen, spätestens seit dem Urlaub in Paris vor 11 Jahren. Aber dann ist so viel dazwischengekommen. Welche Möglichkeiten gibt es für dich heute, dieses Ziel zu erreichen? Möchtest du erst mal einen Grundwortschatz mit einer App erlernen und dann einen Anfängerkurs machen? Wie belohnst du dich nach Teilerfolgen?

Gehe die einzelnen Schritte für einen deiner Herzenswünsche durch. Sei so spezifisch wie möglich beim Beantworten der folgenden Fragen. Dies bringt dich dazu, die Sache ernst zu nehmen und wirklich aktiv daran zu arbeiten. Wenn du sagst, du würdest gern ein wenig Französisch sprechen, ist das ein sehr dehnbarer Wunsch, der alles von ein paar einfachen Grußformeln bis zum gekonnten Parlieren bedeuten kann. Schreibst du allerdings auf, dass du in einem halben Jahr ein bestimmtes Sprachniveau erreichen willst, etwa A1, kannst du dies wunderbar überprüfen und hast auch ein konkretes Ziel, auf das du hinarbeiten kannst.

Was ist mir wirklich wichtig in meinem Leben? Den Herzenswünschen auf der Spur!

→ Was ist dein Ziel?

_____

_____

→ Welche Schritte führen dich dahin?

_____

_____

→ Welche Teilziele kannst du setzen?

_____

_____

→ Bis wann möchtest du diese wie erfüllen?

_____

_____

→ Wie kannst du dich belohnen?

_____

_____

Bevor du für heute das Buch aus der Hand legst, spüre noch einmal nach.
    → Wie fühlt es sich an, mit so einem konkreten Plan in der Tasche?
    → Macht es dir Mut?
    → Ist ein wenig die Lust in dir wach gekitzelt worden, es einfach mal auszuprobieren?
Genieße die Vorfreude und koste sie in vollen Zügen aus.

Tag 7 - Aktiv werden

"Wünsche und Träume sind im Gegensatz zu Wunschträumen produktiv!"

- A. Brie

Hallo und herzlichen Glückwunsch! Heute ist der siebte und letzte Tag dieser Wochenchallenge.

Du darfst dir selbst auf die Schulter klopfen, denn bis heute hast du

- ✓ Infos zum Thema aufgenommen
- ✓ dich selbst verortet
- ✓ festgestellt, ob du die Träume anderer verfolgst
- ✓ dich deinen Wünschen genähert und sie kennengelernt
- ✓ dir über etwaige Hindernisse Gedanken gemacht
- ✓ und dir Strategien überlegt, wie du dich deinen Wünschen achtsam näherst

Heute geht es darum, die Theorie in die Praxis umzusetzen. Keine Sorge, wir fangen klein an.

Gibt es eine Tätigkeit, ein Hobby, ein Wissensgebiet, das dich schon immer gereizt hat? Dann lege das Buch genau jetzt zur Seite und schaue im Netz oder Branchenbuch, im VHS-Angebot oder sonst wo nach, wo und wann du die Chance dazu bekommen könntest, diesen Traum umzusetzen.

Schreibe auf, was du machen willst, wo du es ausprobieren kannst und – wenn wir schon dabei sind – vereinbare auch gleich einen Termin und trag ihn in der dritten Zeile ein. Die restlichen Zeilen füllst du aus, wenn du die Aktivität umgesetzt hast.

Beschreibe, wie du dich gefühlt hast, vor, bei und nach der Tätigkeit.

→ War die Vorfreude größer als das eigentliche Tun?

→ Hast du Lust, es zu wiederholen?

→ Wie hat es sich angefühlt, so aktiv zu sein und dein Lebensglück selbst in die Hand zu nehmen?

Folgende Aktivität habe ich geplant:

_____

Hier kann ich sie ausprobieren:

_____

An folgendem Tag:

_____

So habe ich mich gefühlt:

_____

_____

_____

_____

_____

_____

_____

Woche 2
Inneres Kind

Tag 1 - Hintergrundwissen sammeln: kurzer Überblick zum Konzept „Inneres Kind"

„Lass mich ein Kind sein, sei es mit mir!"

- M. Stuart

Hallo und willkommen zur zweiten Woche der Challenge! In den folgenden sieben Tagen bekommst du die Möglichkeit, dich mit einem sehr wichtigen und wertvollen Anteil in dir auseinanderzusetzen: deinem Inneren Kind. Sicher hast du den Begriff schon einmal gehört, vielleicht auch schon im „Ich war schon immer so..." mehr darüber gelesen. Kurz zusammengefasst:

Das Innere Kind ist ein Konzept, das überwiegend in der psychotherapeutischen Arbeit Anwendung findet, mittlerweile aber auch in der privaten Persönlichkeitsentwicklung eine nicht zu unterschätzende Rolle spielt. Mittlerweile wissen wir: Frühkindliche Erfahrungen wirken sich auf unser gesamtes Leben aus, können unsere Bindungsfähigkeiten zu anderen Menschen beeinflussen und sich in Form von inneren Glaubenssätzen oder Handlungsmustern auch in unserem Leben als Erwachsene zeigen. Deshalb kann das Aufarbeiten frühkindlicher Erlebnisse und die Auseinandersetzung mit der eigenen Kindheit durchaus lohnend sein – auch dann, wenn du eigentlich ein sehr positiv eingestellter Mensch bist, der nicht gern zurückschaut. Denn nicht immer lassen sich die Zusammenhänge auf den ersten Blick erkennen und gewisse heutige Verhaltensmuster als in der Kindheit erlernte Schutzmechanismen bestimmen.

Um den Zugang zu deiner Vergangenheit zu finden, kannst du mit dem Konzept des Inneren Kindes arbeiten. Hierbei stellst du dir deine kindlichen Anteile, Erlebnisse, Gefühle, Ansichten und Erinnerungen als Kind, als Person vor. Natürlich geht es nicht darum, sich von seinem erwachsenen Ich abzuspalten oder wie beim Theaterspielen eine Rolle zu übernehmen – vielmehr soll so der Zugang zu diesen Anteilen in dir erleichtert werden.

Du kennst das sicherlich aus dem Alltag: Wenn sich dein Neffe stößt oder das Nachbarskind bei Gewitter Angst hat, reagierst du sicherlich viel verständnisvoller und einfühlsamer als bei dir selbst. Wir üben – wie du auch schon in der ersten Challenge festgestellt haben könntest – oft einen sehr harten Umgang mit uns selbst, versuchen rational und verantwortungsvoll zu handeln und begegnen uns dabei nicht selten mit einer solchen Härte, die ein Kleinkind zum Weinen bringen würde. Die meisten von uns fühlen sich aber überfordert oder komisch, wenn sie plötzlich mit einer gewissen mütterlichen Wärme mit sich selbst umgehen sollen.

Die Figur des Inneren Kindes kann hier eine Brückenfunktion einnehmen: Zum einen hilft sie uns, uns an Vergangenes zu erinnern und einen Bezug zu unseren kindlichen, schwachen, hilflosen Anteilen zu bekommen, zum anderen ermöglicht sie uns einen neuen, liebevolleren Zugang und eine Form der liebevollen Zuneigung zu uns selbst aus der Sicht eines starken Erwachsenen heraus. Denn anders als in unserer tatsächlichen Kindheit, als wir dem Geschehen und auch den Leuten um uns herum relativ schutzlos ausgeliefert waren, bedingt durch die kindliche Abhängigkeit, und in unseren Umständen verharren mussten, haben wir jetzt als Erwachsene die Wahl. Wir können Zusammenhänge erkennen, Verbindungen knüpfen und Erlebnisse von früher mit unserem heutigen Wissen als Erwachsene auch neu bewerten. Dadurch können sich mitunter Knoten aus der Vergangenheit auflösen, Verletzungen können heilen.

Wenn wir etwa sehen, dass unsere Mutter nur so wenig Zeit mit uns verbracht hat und so gereizt war, weil sie als Alleinerziehende zwei Jobs, den Haushalt und die Kindererziehung bewältigen musste, dann ändert dies vielleicht nichts an der Vergangenheit, aber an dem, wie du darauf schauen kannst. Du kannst nachvollziehen, dass das kleine Mädchen von damals mehr Zuwendung gebraucht hat, aber du kannst einen Teil des Grolls, der dich und auch das Verhältnis zu deiner Mutter belastet, leichter loslassen, weil du nun die Umstände verstehst. Du kannst erkennen, dass du Verhaltensmuster deiner Eltern übernommen hast, obwohl du gar nicht unbedingt ihre Werte teilst oder dass du bis heute Verteidigungsmechanismen nutzt, die du in der Kindheit gebraucht hast, um über die Runden zu kommen.

Diese Erkenntnisse können dabei helfen, deine Denk- und Verhaltensweisen auf ihre Sinnhaftigkeit zu überprüfen und an dein Erwachsenenleben anzupassen. Somit kann eine Begegnung mit deinem Inneren Kind helfen, dich besser zu verstehen, mit unerledigten Dingen aus deiner Kindheit abzuschließen und so auch mehr Leichtigkeit im Leben zu finden!

Gibt es Gedankenimpulse, Emotionen oder Erinnerungen, die in dir aufgestiegen sind, während du dieses Kapitel gelesen hast? Stelle dir einen Wecker auf zehn Minuten und schreibe völlig frei auf, was dir durch den Kopf geht. Lass die Worte einfach aus dir herausfließen – ohne Bewertung, wenn du magst, auch ohne Rücksichtnahme auf Rechtschreibung und Form. Schlage dann das Buch direkt zu und lass das Thema möglichst bis morgen ruhen!

Inneres Kind

_____

_____

_____

_____

_____

P.S: Sollte der Platz nicht ausreichen, nimm dir einfach einen losen Zettel zur Hand und befestige ihn mit einem Klebestreifen im Buch.

Tag 2 - Verortung: Wie ist die Verbindung zu deinem Inneren Kind?

„Es wäre interessant herauszufinden, ob mein Gegenüber die Farbe Grün genauso sieht wie ich, oder ob es nur eine Definition aus der Kindheit ist."

- D. Wieser

Dieser Spruch von Damaris Wieser zeigt dir bereits, in welche Richtung es heute gehen soll: Es steht eine kleine Bestandsaufnahme an, eine Art innere Inventur. Wir nähern uns der Frage, welche Ideen, Grundannahmen und Vorstellungen über dich und die Welt du in der Kindheit erworben hast und wie diese dich heute beeinflussen. Was haben wir aus dieser Zeit mitgenommen?

Bei näherem Hinsehen wirst du möglicherweise erstaunt sein, wie alt manche Glaubenssätze oder Handlungsmuster schon sind. Wie tief prägende Erlebnisse aus der Kindheit sitzen und wie ausdauernd Stachel aus der Vergangenheit piksen können, auch wenn wir schon längst erwachsen sind, für uns selbst sorgen können und ohnehin gar keinen Kontakt mehr zu den Klassenkameraden oder Lehrern haben, die uns einst unsensible Worte auf den Weg mitgegeben haben.

Kleiner Hinweis: Oftmals wird bei der Arbeit mit dem Inneren Kind vor allem auf Kränkungen und als negativ wahrgenommene Erfahrungen aus der Kindheit, Blockaden und Probleme fokussiert, die du nun mittels deiner erwachsenen Anteile liebevoll annehmen, durchdenken und möglicherweise sogar auflösen kannst.

Es gibt aber auch den Ansatz, sich durch die Arbeit mit dem Inneren Kind der früheren Leichtigkeit aus Kindheitstagen zu nähern, dem spielerischen Entdeckergeist. Versuche daher bitte bei der Beantwortung der folgenden Fragen offen zu sein für alle Erinnerungen und Erfahrungen und Gedanken, die dir kommen mögen.

Kannst du dich noch gut an deine Kindheit erinnern, kannst du direkt drauflosschreiben. Fällt es dir schwer, einen Zugang zu finden, nimm ein Foto von dir aus Kindheitstagen zur Hand und betrachte die Person auf dem Bild. Wann wurde das Bild aufgenommen? Was hast du da gemacht? Weißt du noch, was du gedacht oder nach dem Knipsen des Fotos gemacht hast? Versuche, dich in dieses Kind von damals hineinzufühlen und dann greif zum Stift.

→ Was ist deine Lieblingserinnerung aus Kindheitstagen?
→ Wer war dein Lieblingsmensch?
→ Wo hast du dich am liebsten aufgehalten?
→ Was hast du gemacht, wenn du Trost brauchtest?

- → Worüber hast du gelacht?
- → Was war dein Lieblingsspiel?
- → Was hast du gerne gegessen?
- → Hattest du einen Spitznamen?
- → Was wolltest du als Erwachsene machen?
- → Wer hat dich geärgert?
- → Wovor hattest du am meisten Angst?
- → Was hat dich traurig gemacht?
- → Wurdest du gehänselt?
- → Hast du dich geborgen gefühlt?
- → Warst du gern allein oder wolltest du immer jemanden um dich herum haben?
- → Hast du dich angenommen gefühlt, so wie du als Kind warst?

Wenn du merkst, dass beim Beantworten der Fragen sehr starke Emotionen hervorkommen, lege eine Pause ein. Sorge gut für dich und bleibe achtsam im Umgang mit dir. Heute bist du keine drei Jahre mehr alt und darauf angewiesen, dass jemand deine Bedürfnisse richtig einordnet und für dich sorgt. Heute kannst du das selbst!

Tag 3 - Dein Inneres Kind willkommen heißen

„Man darf nicht verlernen, die Welt mit den Augen eines Kindes zu sehen."
— H. Matisse

Hallo und willkommen zurück! Wie war deine Annäherung an dein Inneres Kind? Ist es dir leicht gelungen, in Kontakt zu treten oder empfandest du diese Übung eher als schwierig? Je mehr du dich mit dem Thema auseinandersetzen wirst, desto leichter wird es dir fallen, diesen kindlichen Anteil, der in uns allen steckt, wahrnehmen zu können.

Der heutige Tag der Challenge dient dazu, deinem Inneren Kind Gelegenheit zu geben, zum Vorschein zu kommen. Erinnerst du dich an den kindlichen Entdeckergeist? Versuche, diesen auch an diesem Tag zu kultivieren, ganz absichtslos und wertfrei. Lass auf dich zukommen, was kommt und freue dich darauf, neue Erfahrungen machen zu dürfen. Gerade im stressigen Alltag leben wir oft vollkommen auf Auto-Pilot geschaltet und so vergessen wir leicht, auch mal links und rechts zu gucken, an den Rosen zu schnuppern oder einen Marienkäfer zu beobachten. Aber genau das wirst du heute machen.

Zieh dir deine Schuhe an und suche dir ein Ziel aus, an dem viele Kinder sind. Du kannst beispielsweise einen Park mit Spielplatz besuchen und dich dort auf die Bank setzen, eine Kinderbibliothek aufsuchen und dort einer Lesestunde beiwohnen oder in der Spielwarenabteilung eines Kaufhauses durch die Regale stöbern.

Auf dem Weg dorthin lasse deinen Blick schweifen und an deinem Ziel versuche zu beobachten, welche Kleinigkeiten die Kinder in Entzücken, Staunen oder Begeisterung versetzen. Versuche, diese Kleinigkeiten aus ihrem Blickwinkel zu sehen und fühle dich ganz ein in diese intensive Form des Seins.

Danach zieh bitte noch eine kleine Runde zum Supermarkt und besorge dir da eine Leckerei aus deiner Kindheit: War dein Lieblingsessen der Klassiker Spaghetti mit Tomatensauce oder hattest du eine Vorliebe für ausgefallene Kombinationen wie Erbsen mit Ketchup? Falls letzteres der Fall sein sollte, wähle ein Essen, dass dir auch heute noch schmecken wird. Bereite dir dieses Gericht daheim zu und iss es mit völliger Hingabe!

> ♥ Wie fühlt es sich an, sich so umsorgen zu können? Wie fühlt sich dein Inneres Kind, wenn du ihm so Gutes tust?

Tag 4 - Das Innere Kind trösten

„Alles ist im Entstehen, alles ist Kindheit."
- Ralph Waldo Emerson

Ein fröhliches Hallo an dich und dein Inneres Kind! Konntet ihr euch schon etwas annähern?

Heute sollst du die Chance bekommen, dich deinem Inneren Kind aus deiner heutigen Position als Erwachsene zu nähern. Du darfst ihm gegenüber als schützende, sorgende, tröstende und liebevolle Person begegnen.

Wenn uns alte Verhaltensmuster und Glaubenssätze das Leben schwer machen, hat das nicht selten etwas mit Abhängigkeiten oder Familiendynamiken, mit Verletzungen aus der Kindheit zu tun. Als kleine Kinder waren wir von der Zuwendung und dem Wohlwollen der Erwachsenen abhängig und haben verschiedene Techniken erprobt und angewandt, um Anerkennung oder zumindest Aufmerksamkeit zu bekommen. Nicht immer waren und sind diese Techniken gesund und gut und sie können uns heute das Leben schwer machen: Etwa, wenn wir bei jedermann sprichwörtlich Liebkind sein wollen und uns dafür komplett verbiegen. Oder wenn wir unseren eigentlichen Bedürfnissen gegenüber unnachgiebig sind, weil wir glauben, die Wünsche anderer erfüllen zu müssen.

Auch wenn wir eine tiefe Trauer über einen Verlust mit uns herumtragen und deshalb alle Menschen auf Abstand halten, kann dies im täglichen Leben sehr anstrengend werden. Während gerade in früheren Generationen der Spruch „Reiß dich zusammen! Stell dich nicht an. Du bist doch kein Baby!" Standard war, wissen wir heute, dass auch die Trauer und der Kummer von den Kleinsten ernst genommen werden muss. Darum sollst du dir heute deine Trauer erlauben dürfen. Sei es, dass du durch die innere Arbeit in den vergangenen Tagen an ein Thema aus deiner Kindheit gekommen bist, das dich bis heute belastet, oder sei es, dass dein Inneres Kind durch etwas in deinem jetzigen Leben verletzt wird und Liebe braucht – wende dich ihm heute ganz bewusst zu, um es zu trösten und aufzubauen.

Du kannst dafür in ein Zwiegespräch gehen oder das Ganze als Dialog aufschreiben. Zünde dir dafür eine Kerze an, lege dir eine kuschelige Decke über und stell dir eine tröstlich duftende heiße Schokolade auf den Tisch, bevor du deinem Inneren Kind folgende Fragen stellst:

→ Was hat dich traurig gemacht?
→ Wie fühlt sich die Trauer an?
→ Fühlst du dich mit der Trauer gesehen?
→ Darfst du traurig sein oder denkst du, du musst stark bleiben?

→ Was passiert, wenn du nicht mehr dagegenhältst?

→ Was könnte dich in diesem Augenblick trösten?

> Wenn du die Fragen beantwortet hast, setz dich in einen bequemen Schneidersitz und massiere ganz liebevoll und sanft deine Hände – zuerst die eine, dann die andere. Verwende ein fein duftendes Öl, wenn du magst oder eine Lotion aus deiner Kindheit und stelle dir vor, dass du dein Inneres Kind mit einer schützenden Hülle aus Liebe, Zuversicht und Hoffnung umgibst, bis du dich – zumindest etwas – getröstet fühlst.

Tag 5 - Dampf ablassen mit dem Inneren Kind

„Dich drückt der Schuh? Vielleicht ist es noch der Kinderschuh."

- A. Brie

Hast du schon mal einen richtigen Wutanfall bei einem dreijährigen Kleinkind miterlebt? Die Kraft und Intensität, in der die kleinen Personen ihren Emotionen Ausdruck verleihen, führt bei uns Erwachsenen meist zu einem sofortigen Anstieg des Stresspegels – vielleicht schauen wir auch peinlich berührt weg oder sind froh, dass es gerade nicht unser Kind ist, das die negative Aufmerksamkeit des Umfelds auf sich zieht. Aber genau diese Kraft und Intensität können wir uns bei der Arbeit mit dem Inneren Kind zunutze machen.

Keine Sorge: Niemand verlangt von dir, dass du deine erlernte Impulskontrolle aufgibst – das würde weder dir noch deiner Umgebung guttun. Worum es viel mehr geht, ist, sich mit seinen Emotionen wirklich zu spüren und anzunehmen. Genau wie beim Beispiel mit der Trauer haben wir gelernt, Wut als unpassendes Gefühl zur Seite zu schieben, zu negieren, zu unterdrücken, zu schlucken – bis der Hals eng ist und der Magen brennt.

Oftmals können wir gar nicht mehr erkennen, wann wir wütend sind und verwechseln diese Emotion mit gesellschaftlich akzeptierten Gefühlen oder wir richten Wut und Vorwürfe direkt gegen uns, damit wir nur ja niemanden brüskieren.

Wie wäre es aber, wenn die Wut da sein darf? Richtig echt da sein darf? Du dich nicht zusammennimmst? Natürlich musst du diese Übung nicht direkt im Büro machen oder an der Supermarktkasse, an der die Kleinen oftmals gerne zur Höchstform auflaufen. Aber wenn du bei der stillen Arbeit hier mit diesem Buch bemerkst: Das hat mich damals so verletzt. Dem hätte ich heute Morgen gerne die Meinung gesagt! Oder sogar: Ich bin wütend auf die ganze Welt! – dann erlaube dir das.

♥ Such dir einen Ort, an dem du ungestört bist – daheim, in der Natur, im Auto – und dann wüte. Laut, mit Fluchen und Weinen, non-verbal mit Lufttritten und Kissen-Boxen, mit Gesprächen, in denen du deinem potenziellen Gegenüber alles an den Kopf knallst – lass es raus!

Fällt es dir schwer, dich in dieser Intensität und Direktheit anzunehmen, kannst du die Übung auch ins Lustige ziehen: Kinder können extrem kreativ sein, wenn sie in ihrer Wut Schimpfwörter erfinden, die alles ausdrücken, was ihr Gegenüber im Moment für sie verkörpert – vom alten, blöden Giraffenfresser bis zur grummeligen, mumpfeligen Kräuterhexe.

Stell dir die Person vor, die dich verärgert hat, und befeuere sie mit den wildesten Wortneuschöpfungen, die dir einfallen. Du wirst merken, wie befriedigend es sein kann, auch einmal

> zu deftigeren Worten zu greifen – und wer weiß, vielleicht kommst du sogar ins Schmunzeln oder Kichern, wenn du selbst ungewöhnliche Neukreationen zauberst und die unfreundliche Ärztin oder den unhöflichen Nachbarn als pickeliges Tomatenbrot betitelst.

Gönne dir danach unbedingt Ruhe. Heftige Gefühle sind befreiend, aber sie sind anstrengend. Hast du viel geschimpft, mach dir einen wohltuenden Tee, der deine Stimmbänder besänftigt. Erlaube Seele und Körper zur Ruhe zu kommen und spüre nach. Hast du deinem Ärger Luft machen können?

Tag 6 - Spielender Alltag

„Ich möchte sagen, dass ich immer noch im und vom Sonnenschein meiner Kindheit lebe."

- C. Morgenstern

Nach den letzten Tagen, in denen du dich eher anstrengenderen Gefühlen gewidmet hast, wollen wir uns heute wieder einem Aspekt der Kindheit widmen, der viele von uns in ihrem Alltag schmerzlich vermissen: Dem, der spielerischen Leichtigkeit. Kannst du dich noch daran erinnern? An die Zeit vor Verpflichtungen, Steuererklärungen, Elternabenden und „Ich muss noch schnell ..."? Als du Stunden mit einem Spiel verbringen konntest oder im Garten auf Grashalmen Melodien gespielt hast? Wenn du dich geärgert hast, warst du sauer, so richtig, aber dann war schon das Nächste zu tun oder zu entdecken. Viel der kindlichen Leichtigkeit, die uns so an unserem Nachwuchs fasziniert, hat mit der Fähigkeit zu tun, im Moment zu leben und auch damit, voll und ganz bei nur einer Sache zu sein.

Wir Großen versuchen so etwas in Achtsamkeitsseminaren zu lernen, aber eigentlich ist es gar nicht so schwer. Innehalten und die volle Konzentration auf eine Tätigkeit lenken, sorgt nämlich nicht nur dafür, dass wir diese Sache meist besser und schneller schaffen, sondern auch dafür, dass wir uns am Ende des Tages weniger zerschlagen und fahrig fühlen. Eben, weil wir nicht ständig zwischen 1.000 Aufgaben hin und her springen, sondern uns mit vollem Herzen einer Sache widmen können. Das ständige Gehetzt-Fühlen und Nicht-hinterherkommen gerät so ins Hintertreffen. Das Flow-Gefühl füllt dich ganz aus und du kannst sogar Kraft aus deiner Tätigkeit schöpfen. Deshalb wollen wir heute die Arbeit mit dem Inneren Kind für mehr Leichtigkeit und Unbeschwertheit ausprobieren.

Du wirst deine bisherigen Verhaltensmuster nicht schnell ablegen können, aber du kannst versuchen, immer wieder dieses Flow-Erlebnis zu begünstigen, die spielerische Leichtigkeit zu kultivieren und ganz bei der Sache zu sein.

Wenn du heute eine nervige Aufgabe zu erledigen hast, stelle sie dir als Spiel vor. Du musst zehn Äpfel für die beiden Apfelkuchen fürs Familienfest schälen? Wie lang können die Schalenspiralen sein, bevor eine abreißt? Der Einkauf mit den Kindern steht an? Wie wäre es mit einer gemeinsamen Schatzsuche nach den köstlichsten Apfelsinen und Birnen? Versuche, kreativ und mit frischem Blick an die Sache heranzugehen. Setze dich danach mit deinen Erfahrungen auseinander. Die folgenden Anregungen können dir dabei helfen:

Arbeitsbuch

Diese Aufgabe habe ich mir ausgesucht:

_____

_____

So gebe ich ihr ein spielerisches Element:

_____

_____

So habe ich mich danach gefühlt:

_____

_____

Wenn du dir das nächste Mal etwas freie Zeit nehmen kannst, probiere dich in einer Tätigkeit aus, bei der du früher als Kind regelmäßig die Zeit vergessen konntest: Comics schmökern, Malbücher ausmalen, Lego bauen – was auch immer dir damals Spaß gemacht hat.

Gib dir ein paar Momente und wenn du dir etwas albern vorkommst umso besser! Dann hast du etwas, das dir ein Lächeln auf die Lippen zaubert. Das Handy stellst du dabei bitte auf lautlos – oder noch besser: Lass es im Nebenraum liegen und konzentriere dich ganz auf deine aktuelle Beschäftigung.

→ Wie fühlt sich die Tätigkeit ohne Ablenkung an?
→ Wie geht es dir danach? Körperlich und geistig?
→ Wie ist es um deine Energie bestellt?
→ Hättest du Lust, dieses Erlebnis zu wiederholen?

Tag 7 - Abschluss und Ausblick für deine Zeit mit dem Inneren Kind

„Das Innere Kind weiß den Weg!"

- P. Horton

Hey, na du? Wie fühlst du dich am Ende dieser bewegten Woche? Hast du dich mit deinem Inneren Kind schon ein wenig verbinden können?

Du hast in den vergangenen Tagen:

- ✓ das Konzept zum Inneren Kind kennengelernt
- ✓ verschiedene Möglichkeiten ausprobieren können, wie du dich deinem Inneren Kind näherst
- ✓ gelernt, wie du es trösten kannst und warum dies gut ist
- ✓ gelernt, wie du ihm Raum für schwierige Gefühle geben kannst, wie etwa Wut oder Frustration
- ✓ Lebenslust und spielerische Leichtigkeit wieder in dir wachrufen dürfen und ausprobieren können, wie leicht Dinge von der Hand gehen, wenn du wie ein Kind ganz bei der Sache bist und in eine Art Flow gerätst

Anhand der letzten sechs Tage hast du erfahren können, wie es sich anfühlt, wenn dein erwachsener Anteil für den kleinen, kindlichen Anteil sorgt, der in uns allen schlummert.

Das, was an Tag 1 vielleicht noch wie ein ganz fremder Gedanke und möglicherweise sogar etwas albern auf dich gewirkt haben mag, wirst du jetzt wahrscheinlich bereits aus einem ganz anderen Blickwinkel betrachten können. Die Erlebnisse der letzten Tage und die Übungen werden dir mit der Zeit mehr Selbstvertrauen und Selbstbewusstsein schenken, sowohl im Umgang mit deinem Inneren Kind als auch mit deinem gesamten Ich und deinem Leben.

Du hast die Möglichkeit, dann zu erkennen: Du bist weder ein kleines Kind, das alles mit sich machen lassen muss, noch bist du nur die starke Erwachsene, an der jeder Sturm vorüberzieht. Du hast verschiedene Anteile in dir, die ihre volle Berechtigung haben. Wenn du dir erlaubst, dass beide Seiten in dir sein dürfen, kannst du auch aus beiden Anteilen Kraft schöpfen und dein Leben dadurch angenehmer gestalten: Dein erwachsener Anteil kann dein Inneres Kind besänftigen, wenn es sich aufgrund alter Wunden verletzt oder verschreckt fühlt.

Du kannst ihm klar machen, dass du jetzt gut für es und dich sorgen kannst und nicht mehr von dem Wohlwollen anderer abhängig bist, sondern immer die Wahl hast. Du lernst das Kind in dir wieder neu kennen, verstehst, wie es tickt und worauf es reagiert, welche Dinge es aus der Bahn werfen und in welchen Situationen es möglicherweise dazu neigt, alte Schutzmechanismen zu reaktivieren, die du als Erwachsener längst nicht mehr benötigst – und die dir auch nicht guttun.

Durch diese Kenntnis um deine Themen, deine Muster kannst du manche Trotzreaktion, manchen Wutanfall, manche Überempfindlichkeit deiner inneren Fünfjährigen gekonnt entschärfen. Du kannst sie – statt in alte Muster zu verfallen oder dich in der Vergangenheit zu verlieren – mit einem gewissen Amüsement betrachten, statt dich darin zu verlieren und dir – wenn nötig – auch mit liebevoller Konsequenz sagen, wann es Zeit ist, sich am Riemen zu reißen.

Dein Inneres Kind hingegen kann dir wieder mehr Lust und Leichtigkeit am Leben vermitteln, deinen Entdeckergeist wecken und dir einen frischen Blick auf die Menschen und Dinge um dich herum bescheren. Natürlich wirst du nicht immer so viel Zeit haben, wie du sie dir in diesen Wochen der Challenge vielleicht nehmen kannst. Das ist aber auch gar nicht notwendig. Wichtig ist nur, dass du regelmäßig in Kontakt mit deinem Inneren Kind gehst, ihm signalisierst, dass du es siehst und dass du es voll und ganz akzeptierst und annimmst – als jemand, um den du dich kümmern kannst und als jemand, der auch dir etwas beibringen kann.

Dafür reichen manchmal schon wenige Augenblicke im Alltag. Genieße für einen Wimpernschlag das gute Gefühl, dich mit deinem Inneren Kind, seiner Kreativität und Spielfreude zu verbinden. Probiere aus, welche To-Go-Tipps dir am besten gefallen. Die meisten davon kannst du in weniger als 60 Sekunden ausführen, sodass sie sich in auch in den allerstressigsten Alltag integrieren lassen – und manche davon funktionieren sogar in einem unbeobachteten Moment in der Öffentlichkeit.

Vielleicht fallen dir auch selbst noch einige Dinge ein, durch die du dich im Laufe deines Tages mit deinem Inneren Kind verbinden kannst?

Grimassen schneiden

ein Liedchen pfeifen

auf einem Bein stehen

sich mit dem Rücken auf den Boden legen

vor sich hin singen

> einen Hüpfer machen
>
> mit den Beinen schlenkern
>
> Schneeflocken haschen
>
> ein paar Schritte rennen
>
> deinem Spiegelbild die Zunge rausstrecken
>
> summen
>
> mit den Händen essen

Freue dich auf eine ganz besondere Beziehung in deinem Leben und eine wertvolle und wunderbare Freundschaft mit dir selbst – voller Lebensfreude, brizzelbunten Grinsemundgefühlen und kindlicher Unbeschwertheit!

Woche 3
Befreit leben – Vergangenes loslassen, um im Hier und Jetzt anzukommen

Tag 1 - Hintergrundwissen sammeln: kurze Zusammenfassung der wichtigsten Informationen

„Manchmal kann Weitergehen hart sein und schmerzlich, aber Festhalten an etwas, was niemals sein kann, ist noch schwieriger und schädigend."

- Unbekannt

Hey, willkommen in der dritten Woche! In dieser wirst du die Chance bekommen, dich wieder einem sehr wichtigen Thema zu widmen: dem Aufarbeiten und Loslassen der Vergangenheit. Die Aussöhnung mit der eigenen Vergangenheit kann unglaublich heilsam sein und ein essentieller Bestandteil deiner Reise zu dir selbst.

Viele von uns schleppen allzu viel Ballast aus früheren Tagen mit sich herum, der nicht nur unglaublich belastet, sondern auch bei allem behindert, was wir jetzt tun wollen oder tun könnten. Du kannst dir das so vorstellen, als würdest du am Tag deiner Geburt einen Rucksack aufgesetzt bekommen, der mit den Jahren mit jeder einschneidenden Kränkung, negativen Erfahrung oder anderen Erinnerungen gefüllt wird und so immer weiter anwächst, bis du eine dauerhaft gebückte Haltung einnehmen musst, um überhaupt stehen, geschweige denn gehen zu können. Die wenigsten von uns können diesen Sack einfach so absetzen und stehen lassen, denn die Dinge aus der Vergangenheit scheinen mit uns verschmolzen, die Stacheln sitzen tief und an die Auswirkungen dieser Last haben wir uns mittlerweile vielleicht auch schon so sehr gewöhnt, dass wir gar nicht auf die Idee kommen, dass es auch anders sein könnte.

Das menschliche Erinnerungsvermögen ist sehr mächtig und perfekt darauf trainiert, negative Erlebnisse und Empfindungen besonders gut abzuspeichern. Das macht es nicht, um dich extra zu quälen oder weil du ein pessimistischer Mensch bist, sondern aus einem ganz einfachen Grund: dem Selbsterhaltungstrieb. Je prägnanter gefährliche Erlebnisse im Kopf eines Menschen blieben, desto eher warnte er seine Mitmenschen vor potenziellen Gefahren und vermied es selbst tunlichst, wieder in diese Situationen zu kommen. Das klingt auf den ersten Blick sehr sinnvoll, kann für dich in deinem modernen Leben aber einige Fallstricke mit sich bringen. Heute müssen wir nicht wie zu Beginn der menschlichen Evolution ständig mit lebensgefährlichen Situationen fertig werden.

Die Bedrohungen sind nicht direkt eine Gefahr für unser Leben, fühlen sich aber ähnlich schlimm an und werden von unserem Gehirn daher so bewertet. Dadurch prägen sie sich ebenso fest ein, sie brennen sich förmlich ein und unser Kopf tut alles dafür, dass wir uns nicht wieder in so eine Gefahr begeben. Würden wir einem gefährlichen Raubtier gegenüberstehen, macht dieser Prozess absolut Sinn. Haben wir aber einmal eine Prüfung mit Blackout erlebt und reagieren dann ebenso auf jede kommende Prüfungssituation, kann dies dein Leben schwer beeinträchtigen – auch wenn dein Hirn dich einfach nur wieder vor der Gefahr schützen möchte.

Zudem ist es so, dass unser Hirn nicht einfach die Wirklichkeit abbildet, sondern viele verschiedene Faktoren am Bilden einer Erinnerung beteiligt sind. Dein Arbeitsgedächtnis leistet den Hauptjob, während du Informationen in deinem Gehirn abspeicherst. Es kann allerdings durch verschiedenste Dinge beansprucht werden, sodass die Erinnerungen bruchstückhaft oder gefärbt abgespeichert werden. Das passiert etwa dann, wenn du sehr aufgeregt, gestresst oder anderweitig gedanklich gefordert bist und nicht die mentalen Kapazitäten hast, dir in aller Ruhe alles einzuprägen.

Außerdem können sich Erinnerungen im Laufe deines Lebens verändern. Zum einen rutschen sie gedanklich immer weiter nach hinten, wenn du sie nicht immer wieder hervorholst und benutzt, zum anderen aber können dein Wissensstand und deine emotionale Reife dazu führen, dass du eine bestimmte Erinnerung immer wieder neu kreierst und abspeicherst. Das kannst du dir so ähnlich vorstellen, als würdest du ihr immer ein neues Kleid anziehen oder sie anders anstreichen.

Es ist zwar die gleiche Erinnerung, aber das Drumherum und die Dinge, mit denen du sie verknüpfst, haben sich gewandelt und dadurch wirkt auch die Erinnerung anders und wird anders bewertet. Die Situation selbst, die in der Vergangenheit liegt, hat sich dadurch natürlich nicht verändert, aber deine Einstellung und deine Emotionen gegenüber deiner Vergangenheit können dadurch maßgeblich wechseln.

Erinnerungen sind also keinesfalls objektiv und neutral und auch nicht in Stein gemeißelt. Deshalb wirst du immer wieder die interessante Erfahrung machen, dass zwei Personen sich vollkommen unterschiedlich an ein und denselben Sachverhalt erinnern und ganz unterschiedliche Dinge damit verknüpfen, die Situation mitunter sogar radikal anders bewerten.

Auch die Art, wie und mit wem du dich an Dinge erinnerst, kann dazu führen, dass du mit einem anderen Blickwinkel auf das Ganze schaust. Die Art, wie Leute dich auf etwas ansprechen, kann schon dazu führen, dass bestimmte Aspekte eines Erlebnisses betont werden. Allein die Wortwahl von dir oder deinem Gesprächspartner kann dem Ganzen eine bestimmte Wendung geben, sodass dein Erinnerungsvermögen bestimmte Fragmente in dein Bewusstsein bringt und andere nicht. Diesen Effekt erlebt man beispielsweise auch immer wieder bei Zeugenbefragungen. Je nachdem, welche Konnotation bestimmte Worte haben, beschreiben die Zeugen Erlebtes dramatischer oder negativer als die, die mit Worten befragt werden, die eher als neutral eingestuft werden und die keine intensiven Gefühle hervorrufen.

Halte bitte einen kurzen Moment inne, bevor du weiterliest und spüre einmal in dich hinein. Wie geht es dir jetzt, wenn du dies liest? Welche Gedanken steigen in dir auf? Nimm diese wahr und achte darauf, ob sich dein Körper irgendwie verändert:

- ✓ Hast du die Schultern hochgezogen, unwillig mit dem Kopf geschüttelt oder bei einer bestimmten Stelle die Luft angehalten?
- ✓ Falls ja, wo war das? Weißt du noch, was du da gedacht hast?
- ✓ Hast du eine Ahnung, warum du körperlich so darauf reagiert haben könntest?

Sich bewusst zu werden, dass das eigene Erinnerungsvermögen keinesfalls so lückenlos oder unantastbar ist, wie wir mitunter annehmen, kann zunächst für ein komisches Gefühl sorgen oder sogar Misstrauen in die eigenen kognitiven Fähigkeiten hervorrufen.

Du musst dir allerdings keine Sorgen machen: Wenn dein Gehirn bruchstückhafte Erinnerungsfragmente immer wieder mit deinem aktuellsten Kenntnisstand zusammenfügt und somit eine neue alte Erinnerung schafft, ist das keineswegs ein Zeichen für ein Problem, sondern ein ganz normaler, völlig gesunder Arbeitsprozess deines Gehirns. Dieses Auffüllen oder neue Verknüpfen darf keinesfalls verwechselt werden mit einem aktiven Umdichten der Wahrheit oder einem Schönreden der Vergangenheit, denn diese Vorgänge passieren automatisch und unbewusst und sind mitnichten ein Akt des Lügens oder Übertreibens oder ähnlichem.

Für dich in deiner Position kann diese Erkenntnis sogar immens von Nutzen sein: Deine Erinnerungen sind flexibel wie dein Geist und deine Vergangenheit kein unveränderlicher Gegner, sondern etwas, mit dem du arbeiten kannst. Das bedeutet natürlich nicht, dass du Geschehenes ändern kannst, aber es liegt in deiner Hand zu ändern, wie du damit umgehst und lebst.

Wie geht es dir jetzt mit diesen Informationen? Machen dir die letzten Sätze Hoffnung und versetzen sie dich in Aufbruchstimmung? Oder misstraust du dem Ganzen noch? Stelle dir bitte einen 5-Minuten-Timer und schreibe frei von der Leber weg, was dir in den Sinn kommt. Wenn du magst, kannst du auch etwas malen.

Tag 2 - Verortung: Wo stehe ich? Wie belastet mich die Vergangenheit?

„Du kannst nicht das nächste Kapitel deines Lebens beginnen, wenn du ständig den letzten Abschnitt wiederholst."

- M McMillan

Hi du, willkommen zu Tag zwei auf deiner Reise in die Vergangenheit für eine bewusstere Gegenwart. Um diese zu erreichen, ist es wichtig, herauszufinden, inwiefern und in welchen Bereichen dich deine Vergangenheit heute immer noch belastet oder beeinflusst. Wovon hält sie dich ab?

Achtung: Wenn du dich diesen Themen lieber gemeinsam mit einer Begleitung nähern möchtest, etwa einem Coach oder einer Therapeutin oder auch einem lieben Familienmitglied, weil du ahnst, dass du mit traumatischen Erinnerungen konfrontiert werden könntest, dann suche dir bitte die entsprechende Unterstützung, bevor du mit dem Lesen fortfährst und besprich, wie und auf welche Weise dieser Abschnitt des Buches für dich in deinem Heilungsprozess hilfreich sein kann. Vielleicht lohnt es sich auch, diese Wochenchallenge erst einmal zu vertagen, wenn du noch nicht stabil genug sein solltest. Dann kommst du zu einem späteren Zeitpunkt wieder darauf zurück!

Falls du dich soweit gut fühlst und du bereit bist, dich jetzt mit diesem Thema auseinanderzusetzen, kann es sehr hilfreich sein, sich vor Augen zu führen, wie alte Glaubenssätze, nicht verheilte Wunden oder vergangene Träume dich daran hindern können, neue Möglichkeiten wahrzunehmen und zu einem Leben in Vermeidungshaltung und sogar Unsicherheit, Angst oder Bitterkeit führen können. Es mag nicht besonders angenehm sein, sich bestimmte Aspekte einzugestehen, aber wenn du dir bewusst machen kannst, mit welchen emotionalen Kosten diese Strategien einhergehen, die sich allein aus Dingen aus deiner Vergangenheit speisen, kannst du dir auch klar darüber werden, welche Ressourcen du zur freien Verfügung hättest, wenn du dich davon lösen könntest.

Wenn du hier die Kontrolle und Verantwortung für dich, dein Denken und Handeln übernehmen möchtest und nicht mehr durch längst Vergangenes bestimmt werden möchtest, ist es wichtig, dir Mitgefühl entgegenzubringen. Das Loslösen von Altem kann sehr aufregend, vielleicht sogar angsteinflößend sein – selbst, wenn es sich nicht gut angefühlt hat. Denn der Mensch ist ein Gewohnheitstier und das Ausbrechen aus der eigenen Routine, der eigenen Komfortzone – selbst, wenn sie ungemütlich ist und mufft – ist immer mit einem Extra an Arbeit und Ungewissheit verbunden und das kann dich zu Recht beunruhigen. Sei also sehr behutsam mit dir, wenn du nun an die folgende Übung gehst und übe dich in Geduld. Nur weil dein Verstand begriffen hat, dass du ohne bestimmte Schutzmechanismen viel besser dran sein wirst, kann dein emotionaler Anteil noch eine ganze Weile brauchen, bis er den Mut aufbringen kann, sich auf das Wagnis einzulassen und Änderungen zuzulassen.

♥ Nimm bitte nun eine bequeme Haltung ein, wenn du magst im Schneider- oder Fersensitz und schließe – nachdem du die Anweisung zu Ende gelesen hast – die Augen. Gehe gedanklich in deinem Leben einige Schritte zurück. Wie an einem Zeitstrahl wanderst du die einzelnen Lebensstationen ab und betrachtest das, was du siehst mit offenem Interesse. Wirst du an einen bestimmten Punkt katapultiert, ploppt eine konkrete Situation vor deinem inneren Auge auf, dann mache hier bewusst Halt und versuche, alles aufzunehmen, was dir begegnet.

→ Was ist genau passiert? Wer war involviert? Was wurde gesagt?

→ Wie hast du dich gefühlt?

→ Wie hast du dich direkt danach verhalten? Haben sich dein Denken und Verhalten nach der Situation verändert?

Lasse alles auf dich wirken. Wenn Emotionen wie Scham, Wut oder Trauer hochkommen, bemerke sie, aber versuche, sie nicht zu bewerten.

Beobachte auch, wie du dich während des Erinnerungsprozesses verhältst:

→ Spult sich eine altbekannte Dauerschleife ab, weil du das innere Bild ohnehin jeden Tag im Kopfkino abspielst?

→ Konntest du nur einen Blick erhaschen und stehst dann wieder vor einer inneren verschlossenen Tür, zu der du aktuell keinen Zugang hast?

→ Wirst du unruhig oder gereizt?

→ Spürst du eine gewisse Frustration in dir aufsteigen?

→ Hast du überhaupt keine Lust, dich an Früheres zu erinnern und findest diese Übung überflüssig und nervig?

Mach nach ein paar Minuten Innehalten wieder deine Augen auf und benenne mit nur einem Wort, wie du dich fühlst. Wütend? Hoffnungslos? Traurig?

Erkenne dieses Gefühl bitte an und falls du eine Idee hast, was dir jetzt guttun könnte und dir helfen würde, mit dieser Emotion konstruktiv umzugehen, dann tu dies bitte!

Wenn du unruhig bist, baue Spannung ab und dreh eine flotte Runde um den Block oder tanz eine Runde durch dein Wohnzimmer – auch wenn du dir albern vorkommst! Es sieht ja keiner!

Wenn du dringend Trost brauchst, hülle dich in eine Kuscheldecke und genieße einen köstlich duftenden Tee oder sprich dir selbst beruhigend zu. Kümmere dich aktiv und bewusst um dich.

Oftmals vergessen wir bei all der Motivation, uns mit früheren Stacheln auseinanderzusetzen, wie weh diese heute noch tun können und auch wie anstrengend dieser Prozess ist. Diese kleine Zwischenübung soll dir als kleine Erinnerungsstütze dienen, die nächsten Tage immer wieder gut auf dich zu achten und deine mit früheren Erlebnissen verbundenen Emotionen, die jetzt auftreten, auch ernst zu nehmen und anzunehmen. Nicht selten wischen wir diese beiseite mit einem „Ach Mensch, nu lass doch mal endlich die ollen Kamellen" oder „Man muss Dinge auch mal ruhen lassen können!" Und es ist richtig und wichtig, dass du probierst, dich von Altem, was dir nicht mehr wohltut, zu lösen und es hinter dir zu lassen. Aber wie jeder Ablöseprozess ist auch dieser mit einer Fülle von Emotionen verbunden, die du dir zugestehen darfst und die du dir zugestehen solltest. Wenn du merkst, dass du dich angestrengt und erschöpft fühlst, dann mach eine Pause. Innere Arbeit kann fordernd sein und ein achtsamer und liebevoller, wohlwollender Umgang mit dir selbst sollte immer im Vordergrund stehen und nicht ein schneller Erfolg – auch wenn verständlich ist, dass du bestimmte Dinge endlich hinter dir lassen möchtest.

Bitte nimm dir, wann immer dir danach ist, die folgenden Fragen vor und beantworte sie in aller Ruhe:

- → Was belastet dich aus deiner Vergangenheit?
- → Welche Sätze, Erlebnisse, Wünsche hängen dir bis heute nach?
- → Welche unerfüllten Träume drücken bis heute auf deine Stimmung oder drängen in deinem Hinterkopf auf Umsetzung?
- → Gibt es Glaubenssätze, die dir in deiner Kindheit, Jugend oder im jungen Erwachsenenalter immer wieder aufgedrängt wurden, bis du sie zu deinen gemacht hast?
- → Hängen dir Zuschreibungen nach oder Erwartungen, die an dich gestellt wurden?
- → Gab es ein einschneidendes Erlebnis, das ab da dein gesamtes Tun überschattet hat?
- → Gibt es ein Muster, das sich durch dein bisheriges Leben zieht? Ein bestimmtes Thema, an dem du dich immer wieder abarbeitest?
- → Ist es ein bestimmter Punkt, ein konkretes Ding oder sind es verschiedene kleine Themen?

Wenn dir die Beantwortung dieser Dinge schwerfällt, kannst du es auch erst einmal mit einem direkten Gedankenexperiment versuchen:

Was wäre das eine Ding, die eine Entscheidung, die du in deiner Vergangenheit ändern könntest? Den meisten von uns fällt wie aus der Pistole geschossen eine Situation ein, meist sehr bildhaft und deutlich. Hier lohnt es sich, tiefer hinzuschauen! Warum ist es genau diese Situation, die du auswählen würdest? Warum ist sie so bedeutend für dein früheres Ich gewesen und warum spielt sie jetzt noch so eine große Rolle? Wie macht sie sich heute bemerkbar? Und wüsstest du heute, welche Alternativentscheidung besser gewesen wäre? Warum?

Tag 3 - Wo will ich hin und was kann ich lernen?

„Je länger du in der Vergangenheit lebst, desto weniger Zeit hast du für die Gegenwart."
— Unbekannt

Hallo! Der vorangestellte Spruch, der dich am dritten Tag dieser Challenge begrüßt, ist nicht nur sehr einprägsam und treffend, sondern führt dir noch einmal wunderbar vor Augen, warum es sich lohnen kann, die alten Abhängigkeiten zur Vergangenheit aufzulösen und ganz im Hier und Jetzt anzukommen.

Überlege dir, wie viel Kraft da frei werden würde, wenn du weder damit beschäftigt wärst, Stacheln und Ballast aus der Vergangenheit mit dir herumzutragen, noch dagegen ankämpfen müsstest, dass sich alte Türen und Wunden öffnen und sich in dein jetziges Leben drängen.

Diese Energie, die du jetzt darauf verwendest, alte Wunden unter Verschluss zu halten, Konflikte schwelen, statt ausbrechen zu lassen oder überholte Glaubenssätze mit dir zu tragen, könntest du dir wieder zurückholen für die Personen und Dinge, die dir jetzt in deinem Leben wichtig sind. So sind sie quasi von dir abgespalten und hängen an den Menschen, die dir früher möglicherweise Unrecht getan haben, an Entscheidungen, die du heute aus einem anderen Blickwinkel als falsch beurteilen würdest oder an Orten und Personen, die schon längst nicht mehr Teil deines Lebens sind.

Wir könnten hier das Beispiel des Rucksacks aus dem ersten Kapitel wieder aufgreifen, den du in früheren Tagen bereits so vollgepackt hast, dass gar kein Platz für neue Erfahrungen und Erinnerungen mehr ist. Aber selbst, wenn du in den Urlaub fährst, lässt du doch immer ein klein wenig Raum für das eine oder andere Souvenir, oder?

Natürlich werden deine Erfahrungen und Erlebnisse immer ein Teil von dir sein. Sie haben dich geprägt und zu dem gemacht, was du heute bist. Aber es liegt an dir, ob du dich allein davon führen lässt und somit der Vergangenheit auch das Zepter für deine Zukunft und Gegenwart übergibst oder ob du selbst Schöpfer deines Lebens sein möchtest.

Bitte überlege kurz einige Augenblicke, bevor du die folgenden Fragen beantwortest:
- → Welche Dinge oder Aktivitäten habe ich bisher nicht ausprobiert, weil meine Vergangenheit mich davon abhielt?
- → Welche Bereiche in meinem Leben habe ich nicht entwickelt, weil die Vergangenheit dazwischen stand?
- → Verfolge ich langfristige Ziele oder traue ich mir das nicht zu? Falls ja, warum nicht?
- → Habe ich Glaubenssätze und Gedankenmuster von Zeit zu Zeit auf ihren Aktualitätsgehalt überprüft?

→ Stimmt das, was ich über mich denke, überhaupt noch oder gehört das zu einer Version meiner Selbst, die aus vergangenen Tagen stammt? Bin ich vielleicht gar nicht mehr so hilflos/ängstlich/ungeschickt/schwach?

→ Fällt es mir schwer, im Hier und Jetzt zu sein?

→ Denke ich oft an „die guten alten Zeiten" zurück? Falls ja, was hat mir daran so gut gefallen? Und – waren sie wirklich so uneingeschränkt gut? Wie unterscheiden sie sich von heute?

→ Habe ich Angst, Verantwortung zu übernehmen, wenn ich mich von der Vergangenheit löse?

Wenn du diese Fragen für dich geklärt hast, bist du deinem Ziel wahrscheinlich schon ein großes Stück nähergekommen. Du erkennst möglicherweise, dass du an überholten Ideen festhältst, weil du damit eine gewisse Sicherheit verbindest oder weil diese mit einprägsamen Erfahrungen verbunden sind. Auch die Aussagen von uns nahestehenden Leuten können wir mitunter nur schwer ziehen lassen, weil wir Angst haben, die Verbindung zu der Person zu verlieren, ihr weh zu tun oder die Beziehung zu belasten.

Es ist aber wichtig für dich, dass du in deinem Jetzt ankommst. Unabhängig davon, was andere denken, meinen oder gesagt haben, denn nur du allein lebst dein Leben und nur du allein musst dir Rede und Antwort stehen.

Die Stacheln aus deiner Vergangenheit, die möglicherweise noch in deinem Herzen stecken, ihren Schatten werfen oder sich an einen Teil deines Seins festgeklettet haben, kannst du nicht einfach ausradieren. Aber du hast die Chance, diese aus einer neuen Perspektive zu betrachten. Schlimme Dinge werden nicht besser dadurch, dass man sie schönredet – das ist klar. Du kannst sie dadurch auch nicht ungeschehen machen und die Vergangenheit verändern. Was du aber durch eine neue Perspektive, einen neuen Umgang mit ihnen erreichen kannst, ist, dass deine Gegenwart und deine Zukunft weniger davon beeinflusst werden.

Wenn du dich aufrichtest, statt vornübergebeugt den großen Sack mit Altlasten zu schleppen, kannst du ihn öffnen und einer Überprüfung unterziehen:

→ Was kann ich mit den Sachen noch anfangen?

→ Gibt es hieraus etwas zu lernen?

→ Was darf ich davon loslassen?

→ Und was kann ich aus dem Vorhandenen entwickeln?

Gib dir einen Moment Zeit, um darüber nachzudenken und behalte dabei auch Kleinigkeiten im Blick.

Keine Sorge! Du musst nicht jede Verletzung wie ein Geschenk betrachten und dich zwingen, Sinn aus etwas zu machen, was für dich einfach unfassbar ist. Aber es wird Dinge in deinem Altlasten-Sack geben, die du aus einer neuen Perspektive ganz anders betrachten kannst.

Da bietet ein Ende vielleicht die Möglichkeit zu einem völlig neuen Anfang, den du sonst nie gewagt hättest. Da war eine harte Zeit doch zu irgendwas gut, weil du jetzt anderen Betroffenen beistehen kannst und in puncto Demut und Verständnis sehr viel dazu lernen konntest. Hattest du so etwas schon einmal?

Wo war ein Ende für dich auch schon mal ein Anfang? Schreibe die Situation so ausführlich und bildhaft wie möglich auf und denke dabei auch daran, wie du dich direkt in der Situation gefühlt hast und wie es dir jetzt geht, wenn du aus der neuen Perspektive darauf blicken kannst.

Tag 4 - Potenzielle Hindernisse erkennen: Wer hält dich warum davon ab, dein Gepäck abzustellen?

„Gleiche nicht jenem, der am Kamin sitzt und wartet, bis das Feuer ausgeht, und dann umsonst in die eiskalte Asche bläst."

- K. Gibran

Heute werden wir konkret! Du hast dich bereits damit beschäftigt, welche Dinge, Erlebnisse, Gedanken und Überzeugungen du aus der Vergangenheit noch mit dir herumschleppst – auch wenn es vielleicht gar nicht mehr nötig ist, dass du diese Dinge so eng bei dir trägst. Wenn wir bei dem Bild des vollen Sackes an Altlasten bleiben, ist es aber nicht immer so einfach, die Verbindung zu erkennen: Zum einen ist dir vielleicht nicht immer bewusst, dass eine jetzige Reaktion von dir auf einen kessen Spruch deiner Mitarbeiterin oder einen Duft etwas mit einem Erlebnis aus deiner Vergangenheit zu tun haben könnte. Zum anderen denkst du dir möglicherweise, dass du bestimmte Sachen schon längst hinter dir gelassen hast – und nun wird dir klar, dass du durch bestimmte Tätigkeiten, Verhaltens- oder Denkmuster immer noch eine Verbindung zu ihnen aufrechthältst. Diese müssen dabei übrigens nicht immer von dir aus gehen. Mitunter gelingt es uns auch nicht, mit Vergangenheitsthemen abzuschließen, weil uns etwas oder jemand immer wieder daran erinnert und alles dafür tut, dass wir diese Dinge nicht vergessen, geschweige denn damit abschließen können.

Bitte nimm dir noch einmal deine Auflistung von Tag zwei vor und lies sie in aller Ruhe durch. Achte dabei vor allem auf die Fragen:

→ Welche Sätze, Erlebnisse, Wünsche hängen dir bis heute nach?

→ Gibt es Glaubenssätze, die dir in deiner Kindheit, Jugend oder im jungen Erwachsenenalter immer wieder aufgedrängt wurden, bis du sie zu deinen gemacht hast?

→ Hängen dir Zuschreibungen nach oder Erwartungen, die an dich gestellt wurden?

♥ Bitte nimm jetzt eine bequeme Meditationshaltung ein und lege eine Hand auf dein Herz. Spüre tief in dich hinein und stelle dir folgende Fragen:

→ Gibt es jemanden, der dir bis heute Vorwürfe für etwas aus deiner Vergangenheit macht?

→ Erinnert dieser jemand dich bei jeder Gelegenheit daran, dass du etwas nicht geschafft, versagt, dich seiner Meinung nach falsch entschieden hast?

→ Benutzt derjenige alte Spottnamen für dich, macht Anspielungen oder erzählt Bekannten von dieser einen Begebenheit, sodass sie immer wieder in dein Bewusstsein und das anderer rückt?

Falls du jetzt eine Person vor Augen hast, mach dir bitte klar, dass diese Person für ihr Handeln selbst verantwortlich ist. Selbst wenn du ihre Meinung teilst und findest, dass du in deiner Vergangenheit einen Fehler begangen hast, steht es dieser Person dennoch nicht zu, diesen immer wieder breitzutreten. Wenn die Person direkt betroffen war, hast du vermutlich um Entschuldigung gebeten und versucht, den Fehler wiedergutzumachen.

Ist dies noch nicht geschehen, kannst du der Person deine Entschuldigung anbieten und auch zeigen, dass du das Vorkommnis ehrlich bereust und dass du es wieder gut machen möchtest.

Ist die Person nicht bereit, die Entschuldigung anzunehmen oder mokiert sie sich danach weiterhin über dich, setz eine klare Grenze! Sprich sie darauf an und mach ihr klar, dass da etwas passiert ist, dass ihr beide nicht mehr ändern könnt, dass es dir leidtut, aber dass ihr beide mit eurem Leben fortfahren müsst. Falls die Reaktion daraufhin unverändert bleibt, teile der Person freundlich und bestimmt mit, dass du diese Äußerungen in deinem Beisein nicht mehr hören willst. Falls dies immer noch keine Wirkung zeigt, meide den Kontakt zu der Person. Das kann besonders schwierig sein, wenn es ein Familienmitglied ist oder ein Freund, aber es ist wichtig, dass du dich schützt. Natürlich kann der Kummer oder der Ärger tief sitzen, aber die Reaktion muss dem Ganzen angemessen sein und darf nicht dazu benutzt werden, dich unter Druck zu setzen oder dich als Ventil für aufgestauten Frust zu benutzen.

Dies ist häufig der Fall bei Eltern, Freunden oder Geschwistern, die deiner Meinung nach unberechtigt enttäuscht sind, etwa wenn du dich gegen Kinder entschieden hast, das Familienunternehmen nicht weiterführen möchtest oder ins Ausland gegangen bist. Hier kann sich Groll über deine Entscheidung mit eigener Enttäuschung und Frust mischen und so wirst du leicht als Platzhalter für die ganz persönlichen Fehlentscheidungen oder Trauer und Unzufriedenheit benutzt. „Wenn das Kind doch nur das Geschäft übernommen hätte, könnte ich jetzt schon in Rente gehen!" Nein! STOPP! Mal dir bitte genau jetzt ein großes Stoppschild aufs Papier.

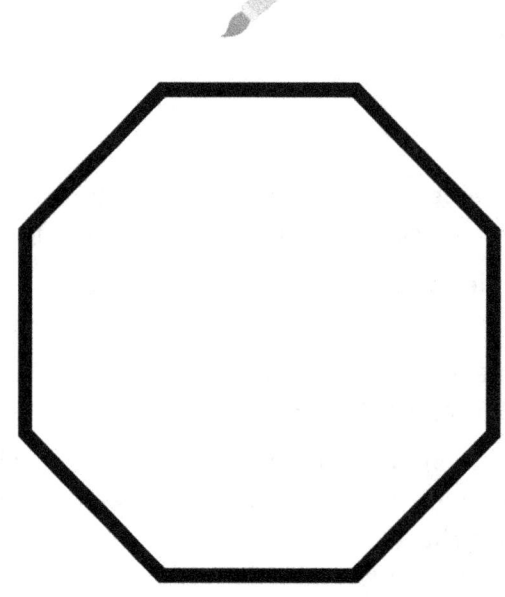

Stell dir dieses rote Stoppschild ganz genau vor, wenn das nächste Mal jemand seine Enttäuschung auf dich ablädt und lass dir diese Verantwortung nicht überstülpen!

Zeige auch hier klar deine Grenzen auf. Wenn du magst, kannst du in einem Vier-Augen-Gespräch Verständnis dafür äußern, dass die Person möglicherweise enttäuscht ist oder sich dein Leben anders vorgestellt hat. Mache ihr dann aber klar, dass es dein Leben ist und du dich so entschieden hast, wie du es nun mal getan hast und du deine Beschlüsse auch nicht ändern wirst, wenn immer wieder gestichelt wird oder verletzende Bemerkungen gemacht werden. Verweise darauf, dass die Person doch sicher möchte, dass du eigenverantwortlich entscheidest und tust, was gut für dich ist und versichere ihr, dass du ihr keine absichtlichen Unannehmlichkeiten zufügen wolltest, sondern einfach dein Leben lebst. Wann immer die Person droht, deine Grenzen zu überschreiten und die Vergangenheit wieder hervorholt, denke an dein rotes, knalliges Stoppschild und fühle in die Stärke hinein, die es dir schenkt, um dich klar zu positionieren.

Ganz wichtig für dich selbst: Vergib dieser Person. Das mag paradox klingen – insbesondere dann, wenn sie trotz deiner Bemühungen um ein klärendes Gespräch nicht bereit ist, ihr verletzendes Verhalten aufzugeben und alles dafür tut, dass du in der Vergangenheit kleben bleibst.

Hegst du allerdings einen Groll gegen diesen Menschen, hat er sein Ziel zumindest teilweise erreicht: Du wirst durch ihn an früher erinnert und kannst mit diesem Kapitel deines Lebens einfach nicht abschließen. Selbst wenn der Rucksack fast auf dem Boden steht, ist ein Schultergurt immer noch in deiner Armbeuge verwickelt und zieht dich schief hinunter und belastet dich.

Somit ist es vor allem für dich wichtig, deinen Frieden mit diesem Erlebnis und auch dieser Person zu machen. Die letzte sinnvolle Option kann die Kontaktvermeidung sein, um den direkten Einfluss auf dich zu minimieren, aber es ist auch wichtig, dass dein Herz von dieser unangenehmen Situation genesen kann.

Ein guter Schritt, dies zu tun, ist ein aktives Vergebungsritual.

Schreibe dafür das, was du vergeben möchtest, auf einen Zettel. Schreibe dir alles von der Seele: Was es mit dir gemacht hat, wie es dich heute belastet, wie du dich ohne diese Last fühlen möchtest. Dann suche dir einen sicheren Ort und verbrenne das Papier in einer feuerfesten Form! Am besten machst du dies im Freien, um zuzusehen, wie sich die Last in Rauch auflöst.

Wenn du kein Feuer machen möchtest, kannst du das Papier auch in winzig kleine Schnipsel zerreißen und diese dann in den Müll werfen und direkt rausbringen. Oder du genießt das wunderbare Gefühl, das in dir aufsteigen kann, wenn du das Papier durch den Aktenvernichter jagst, wenn du einen zur Hand hast. Ganz egal, wofür du dich entscheidest: Du gibst die Sache damit aktiv ab. Alles, was noch damit zu tun hat, ist Sache der anderen Person. Du bist bereit, weiterzumachen und mit einem neuen Blatt Papier zu beginnen.

Wenn du dich bei dem Gedanken an ein Ritual komisch fühlst, kannst du stattdessen auch eine Vergebungsmeditation machen und diese als klärende, reinigende Tätigkeit zwischen dich und den Zugriff dieser Person auf dich und dein Gefühlsleben stellen.

Tag 5 – Dein eigener Schritt ins Jetzt: Schenke dir selbst Vergebung

*„Wer loslässt vom Muss, wird wollen. Wer loslässt vom Wollen,
wird tun. Wer loslässt vom Tun, darf sein."*

- W. Eudenbach

Hallo! Wie geht es dir nach dem Tag gestern? Wie fühlt es sich an, jemand anderem zu vergeben? Fühlst du dich ein Stück weit leichter, befreiter? Oder bist du dir noch unsicher, inwiefern du dieser Person diese eine Sache wirklich vergeben kannst und hängst möglicherweise immer noch ein wenig in der Vergangenheit fest?

Bitte verurteile dich dafür nicht! Manche Wunden sitzen tiefer als andere und brauchen länger, um zu heilen. Entscheidend ist, dass du überhaupt den ersten Schritt gemacht hast und zum Vergeben bereit bist. Manche Prozesse benötigen ihre natürliche Zeit und es bringt nichts, dich dazu zwingen zu wollen, etwas zu fühlen, das nicht wirklich dir und deinem Innersten entspricht.

Darum erlaube dir, das Ganze als Entwicklung zu sehen. Du hast einen Anfang gemacht, indem du dich der Möglichkeit zu verzeihen geöffnet hast und jetzt wirst du Tag für Tag verfolgen, wie sich dieser Prozess entwickelt und ob sich deine Gefühle ebenfalls aussöhnen lassen.

Gab es ein einschneidendes Erlebnis, das ab da dein gesamtes Tun überschattet hat? Vergeben kann ein sehr intensiver und auch anstrengender Akt sein, der sich aber auf jeden Fall lohnt, da du danach keine weitere Kraft mehr dafür aufbringen musst, alten Ballast mit dir herumzuschleppen.

Wie ein Spruch von Buddha sagt: *„An Zorn festhalten ist wie Gift trinken und erwarten, dass der Andere dadurch stirbt."* Dieses innere Gefängnis, das wir durch die Verbitterung, die wir anderen gegenüber empfinden, wenn wir ihnen nicht vergeben können, aufbauen, können wir übrigens auch leicht für uns selbst errichten. Wenn du noch einmal zu der Seite mit deiner Auflistung an Dingen schlägst, die dich in der Vergangenheit halten oder dich daraus belasten, fallen dir möglicherweise folgende Punkte ins Auge:

- Ein Fehler, ein Unfall, ein Streit, wegen dem du dich bis heute schämst oder schuldig fühlst.
- Eine verpasste Chance oder eine Fehlentscheidung, die dich bis heute mit Verbitterung erfüllt.
- Ein Verlust, der dich hart, kalt oder ängstlich gemacht hat, damit du nie wieder einen solchen Schmerz erleiden musst.

Oft sind wir selbst es, die uns längst Vergangenes nicht verzeihen können, selbst wenn die anderen beteiligten Menschen uns schon vergeben haben sollten. Wir halten an nicht mehr existierenden Verbindungen, Freundschaften und Beziehungen fest und blockieren so den Raum für neue Kontakte. Wir verbinden uns immer wieder mit einem alten Schmerz, um uns in Alarmbereitschaft zu halten, um so eine Situation nicht noch einmal zu erleben – obwohl wir sie genauso immer wieder innerlich lebendig werden lassen und vor unserem geistigen Auge abspielen.

Selbstverständlich ist dieses Verhalten, wenn ein geliebter Mensch aus deinem Leben gegangen ist oder du ein anderes traumatisches Erlebnis durchleben musstest, nur natürlich und bis zu einem gewissen Punkt Teil des Verarbeitungsprozesses. Wenn du aber nicht über diesen Schmerz hinwegkommst oder das Ausmaß an Verbitterung und Schutzreaktionen oder inneren Vorwürfen in keinem Verhältnis zu dem Ereignis steht, solltest du dringend etwas ändern. Dies ist auch dann der Fall, wenn dich dieser Schmerz, diese Bitterkeit schon seit Jahren begleitet und nicht mehr einfach nur Teil des Trauerprozesses ist.

Wenn du eine traumatische Erfahrung machen musstest, die dich immer wieder beschäftigt, ist es besonders empfehlenswert, mit einer entsprechend ausgebildeten Fachkraft zusammenzuarbeiten. Traumatherapeuten sind beispielsweise eine gute Anlaufstelle, aber du kannst auch zuerst mit deiner Hausärztin sprechen und sie darum bitten, dich an eine geeignete Fachkraft zu verweisen.

Wenn du selbst dir bestimmte Dinge nicht vergeben kannst oder du eine immense Frustration darüber verspürst, wie dein Leben sich bisher entwickelt hat, ist es wichtig, dir endlich ganz offiziell ein Vergebungsangebot zu machen. Denn genau wie gestern bereits für deine Mitmenschen, kannst du auch dir selbst das Geschenk der Vergebung machen und dadurch eine frische, unbelastete Beziehung zu dir und deinem jetzigen Leben aufbauen.

Zunächst einmal kannst du benennen, was du dir bisher nicht verzeihen konntest. Steigen dabei Gefühle in dir auf, erlaube sie dir. Bist du traurig, weil du dir bisher nicht vergeben konntest? Bist du so wütend auf dich, dass du denkst, du würdest gar keine Vergebung verdienen? Lass deine Gefühle durch dich durchfließen, ohne dich zu sehr in einem zu verfangen. Wenn du merkst, dass dein Körper mit Stress reagiert, bewege dich ein wenig: Wiege dich sanft hin und her, wenn dir nach Trost ist. Fühlst du dich heiß und unruhig, können ein paar Schritte wahre Wunder wirken – am besten an der frischen Luft – oder auch ein paar tiefe Atemzüge auf dem Balkon oder am offenen Fenster. Lasse diese Gefühle zu, aber verfalle nicht in die Opferrolle. Ja, du hast etwas getan, was du dir bisher nicht vergeben konntest – aber du musst nicht bis ans Ende deiner Tage darunter leiden und dich davon blockieren lassen! Vielleicht ist es etwas, was dich ein Leben lang mental begleiten wird, aber es liegt in deiner Verantwortung, einen Weg zu finden, wie du konstruktiv damit umgehen lernst und trotzdem ein erfülltes und sinnvolles Leben gestaltest!

Das Ritual, das du heute ausprobieren kannst, ist dir vielleicht schon bekannt. Es ist eine sehr populäre und vereinfachte Version eines hawaiianischen Versöhnungsrituals. Es wird Ho'oponopono genannt und geht in seiner kurzen Form auf Dr. Hew Len, einen Schüler von Morrnha Simeona zurück. Es besteht aus vier Sätzen, die du aussprechen kannst, um jemand anderem zu vergeben und aktiv zu verzeihen oder auch um selbst um Vergebung zu bitten.

Die vier Sätze lauten:

> Es tut mir leid.
> Bitte verzeih mir.
> Ich liebe dich.
> Danke.

Dabei zielen die Sätze auch darauf ab, dir klar zu machen, dass in den meisten Fällen auch ein gewisser Eigenanteil zu sehen ist. Wichtig: Es wird von Eigenanteil, nicht von Schuld gesprochen. Indem du selbst auch beim Verzeihen einräumst, Fehler zu machen und um Verzeihung bittest, machst du dich nicht selbst klein, sondern übernimmst eine aktive Position, sagst klar, dass jeder Mensch Fehler macht und begibst dich aus der Opferrolle, indem du die andere Person mit Liebe annehmen willst und einen Dank aussprichst. So wird ein Verlassen der alten Muster möglich.

Stelle dir jetzt bitte die Person vor, die dich in alten Mustern hält, ob bewusst oder unbewusst und führe das Ritual in Gedanken mit ihr durch. Wenn du magst, kannst du auch ein Foto von der Person zur Hand nehmen und laut mit ihr sprechen.

♥ Spüre danach in dich hinein und gönne dir einen Moment der Einkehr, bevor du in deinen Alltag zurückkehrst.

Tag 6 - Stolperfallen erkennen und umschiffen

„Loslassen: Etwas niederlegen können, ohne es als Niederlage betrachten zu müssen."

- H. W. Hanke

Hey du, wie ist es heute mit dir? Wie fühlt es sich an, dir selbst vergeben zu haben und dich mit neuen Augen – losgelöst von deiner Vergangenheit – zu betrachten? Kannst du etwas freier atmen? Heute geht es darum, mögliche Stolperfallen zu erkennen, die dich aus der Gegenwart immer wieder leicht in vergangene Zeiten katapultieren können.

Du kennst das sicherlich: Da muss nur jemand gewisse Knöpfe bei dir drücken und schon fühlst du dich wieder in eine ganz bestimmte Situation zurückversetzt und du läufst quasi auf Autopilot. Dann fühlst du dich mit einem Male wie die aufgeregte 13-Jährige, die vor der gesamten Klasse ihr Bio-Referat verhaut, statt wie die bestens ausgebildete und vorbereitete Fachkraft, die vor ihren Kolleginnen einen Vortrag halten möchte. Oder du reagierst vollkommen über, wenn jemand einen leicht neckenden Kommentar macht, weil es dich eben genau daran erinnert, dass dich früher jemand mit ähnlichen Worten gehänselt hat.

Hand aufs Herz!

→ Bei welchen Sprüchen, Worten fühlst du dich sofort angegriffen, getriggert?

→ Welche Knöpfe müssen bei dir gedrückt werden, um direkt an etwas aus der längst hinter dir gelassenen Vergangenheit anzudocken und alte Verletzungen, Kränkungen, Wut oder andere Emotionen zu aktivieren?

Schreibe deine Trigger und Knöpfe so genau wie möglich auf und überlege, wann und wo dich dieser Ablauf (Trigger - deine Reaktion) einschränkt oder dir das Leben schwer macht!

Diese unmittelbare Reaktion kommt oft wie aus der Pistole geschossen. Wir merken, wie uns heiß wird, wie wir uns verkrampfen, wie sich die Schultern hochziehen, wie der Mund trocken wird und uns das Sprechen schwerfällt oder wir anfangen zu schwitzen. Diese Dinge zu bemerken sorgt für ein noch unwohleres Gefühl und wir befinden uns in einem Stress-Teufelskreis, aus dem es sich gar nicht so leicht aussteigen lässt. Wie kannst du nun aber mit genau solchen Triggern, die bei dir etwas hervorrufen, umgehen?

Achtung! Wenn bestimmte Trigger sehr heftige Reaktionen bei dir auslösen, solltest du auf jeden Fall therapeutische Hilfe in Erwägung ziehen und mit Fachpersonal darüber sprechen. Es gibt verschiedene Angebote, die du nutzen kannst: Neben einer klassischen ambulanten Therapie gibt es auch Hilfsangebote per Telefon oder Internet und teilstationäre oder stationäre Möglichkeiten.

Gemeinsam mit deiner Hausärztin, einer Psychiaterin oder einer Therapeutin kannst du herausfinden, welche Unterstützung für dich und deine Bedürfnisse am besten geeignet ist und von welchen Maßnahmen du am wahrscheinlichsten profitieren wirst.

Sind die Reaktionen zwar lästig, aber im Rahmen, kannst du versuchen, mit der Unterstützung dieses Buches zu lernen, wie du konstruktiver mit ihnen umgehen kannst, um nicht immer wieder in die Vergangenheit zurückgezogen zu werden. Wir sind insbesondere dann sehr anfällig, wenn wir ohnehin in irgendeiner Form angeschlagen sind, etwa müde, überarbeitet, traurig oder in Sorge. Auch wenn es uns vollkommen unvorbereitet trifft – etwa, weil ein Kollege unbewusst im Scherz eine Bezeichnung für dich wählt, die in deiner Kindheit oder Jugend benutzt wurde, um dich lächerlich zu machen. Daher ist es empfehlenswert, wenn du in guten Phasen einübst, wie du nicht direkt auf die Umstände, Worte oder was auch immer dein Trigger sein mag, anspringst.

Das Ganze wird im therapeutischen Kontext gern mit dem Reiz-Reaktionsschema erklärt. Ein Reiz wird von deinem Gehirn verarbeitet und du reagierst unmittelbar darauf, ohne erst Gedanken dazwischenzuschalten. Das kann sehr hilfreich sein in gefährlichen Situationen, etwa wenn du die Hand von einem noch heißen Topf wegziehst. Der Reiz ist Hitze, deine Reaktion, das Wegziehen der Hand, erfolgt unmittelbar und meist so rasch, dass du den Vorgang als solches kaum mitbekommst, geschweige denn bewusst steuern kannst. Hier sollte das Reiz-Reaktionsschema unbedingt greifen, denn wenn du erst lange überlegen müsstest, was jetzt eine angemessene Reaktion auf den heißen Topf wäre, würdest du deine Hand verbrennen und dir schaden.

Ein Wort, das dich nur an vergangenes Leid erinnert, aber gar nicht so gemeint war, muss nicht zwingend eine schädliche Reaktion auslösen. Wenn du zurückbeißt, dich zurückziehst oder anderweitig aus Sicht des anderen überreagierst, kann es sein, dass du dich selbst nicht gut danach fühlst und dein Gegenüber auch ratlos, verunsichert oder im schlimmsten Fall verstimmt zurückbleibt. Damit du nicht einer Reaktionskette ausgesetzt bist mit körperlichen Symptomen, negativen Gefühlen und einem automatisierten Abwehrverhalten, das dir im Nachhinein noch unangenehm ist, kannst du lernen, durch Achtsamkeit etwas Abstand zwischen Reiz und Reaktion zu bringen. Wenn du lernst, dass du nicht deine Gefühle bist und du auch nicht auf jeden Impuls, der in dir aufsteigt, unmittelbar reagieren musst, gewinnst du mehr Zeit, um die Situation in Ruhe zu betrachten. So erhältst du die Chance, kurz zu überprüfen, ob es sich um eine deiner Stolperfallen handelt oder ob es tatsächlich ein Punkt ist, an dem eine Reaktion angemessen ist.

Ist es allerdings nur eine der Stolperfallen, die dich in altbekannte Muster ziehen will, kannst du dich dazu entschließen, nein zu sagen. Das wird nicht immer sofort klappen. Vielleicht wirst du auch noch die körperlichen Symptome in dir wahrnehmen oder dich nicht wohlfühlen – aber du wirst bewusster nach außen reagieren können und so den automatisierten Prozess erfolgreich unterbrechen.

Um Achtsamkeit zu üben, kannst du verschiedenste Methoden und Techniken ausprobieren. Der Body Scan ist eine der bekanntesten Übungen, die du heute ausprobieren kannst. Der Body Scan ist wunderbar dazu geeignet, die eigenen Reiz-Reaktionsmuster zu bemerken und auch ideal, um sich selbst dabei zu beobachten, wie jede kleine Empfindung, die von uns als unangenehm bewertet hat, in den meisten Fällen sofort eine Gegenmaßnahme mit sich bringt.

Der Body Scan ist ein gedankliches Scannen, Abtasten, Fühlen der einzelnen Körperteile. Du berührst die einzelnen Bereiche also nicht wirklich mit deinen Händen, sondern spürst gedanklich dorthin. Dafür nimmst du eine bequeme Haltung ein. Die meisten Leute finden eine liegende Position ideal, um sich ganz ungestört konzentrieren zu können, aber wenn du leicht einschläfst, ist natürlich auch eine sitzende Position gut. Du solltest ungestört sein – also Handy leise schalten, die Tür hinter dir zumachen und allen Mitbewohnern signalisieren, dass du jetzt gern eine Weile ungestört sein möchtest. Falls möglich, übe den Body Scan immer dann, wenn du relativ gelassen bist – in sehr angespannter oder gestresster Verfassung könnte es dir bedeutend schwerer fallen, dich darauf einzulassen. Wenn du die Übung dann mehrfach durchgeführt hast und etwas geübter darin bist, kannst du den Body Scan natürlich auch gut zum Runterkommen und Erden nutzen, oder um in einer Situation einen inneren Abstand zu gewinnen und den typischen Reiz-Reaktions-Ablauf zu unterbrechen und zu überprüfen.

Es gibt verschiedene Längen des Body Scans. Üblich sind 15, 30 oder 45 Minuten. Je länger der Scan, desto feiner ist die Aufteilung der Körperareale, die du gedanklich ansteuerst und desto länger verweilst du auch bei diesen Stellen.

Bei einem kurzen Scan kannst du beispielsweise bei deinen Zehen starten und dann nach und nach gedanklich die Füße, Unterschenkel, Knie, Oberschenkel, das Becken, den Bauch, den Brustraum, die Schultern, die Oberarme, die Ellenbogen, die Unterarme, die Hände, den Hals und Nacken, das Gesicht und dann den Kopf ansteuern, bevor du den Körper in seiner Gesamtheit wahrnimmst. Du findest im Netz zahlreiche Anleitungen in unterschiedlicher Ausführung.

Während des Durchgangs werden Gedanken in dir aufsteigen oder Gefühle. Vielleicht juckt es irgendwo, dein linkes Ohr fängt an zu fiepen. Alles Impulse, die dich normalerweise direkt zum Reagieren bringen würden. Wenn du nun allerdings lernst, den Puls einfach nur wahrzunehmen, ihn anzuerkennen als solches, aber ihn dann auch ziehen zu lassen und gedanklich weiterzugehen in deinem Körper, um deinem Ablauf zu folgen, dann bringst du eine wohltuende Pause zwischen Reiz und Reaktion. Diese Pause ist es, die dir hilft, im Hier und Jetzt zu bleiben, statt in ängstliche Zukunftsgedanken zu gehen oder wieder in das Dunkle der Vergangenheit gezogen zu werden.

Und das Beste: Je mehr du übst, desto leichter wird es dir gelingen, bei dir und im Moment zu bleiben. So verlieren altbekannte Stolperfallen ihren Schrecken und du wirst immer souveräner, auch im Umgang mit belasteten Themen.

Tag 7 - Abschluss für einen neuen Start

*„Wer ja sagt zu seinem Schicksal, den führt es voran;
den Widerstrebenden aber schleift es mit."*

- L. A. Seneca

Hallo und willkommen zum Bergfest! Wir sind in der Mitte unserer Challenge angekommen.

Diese Woche hast du dich mit Folgendem beschäftigt:
- ✓ mit deiner Vergangenheit
- ✓ wieso und wie diese sich immer noch auf dich auswirken kann
- ✓ wie du mit Menschen umgehen kannst, die dich nicht in deiner Gegenwart ankommen lassen wollen
- ✓ wie du dir selbst vergeben kannst, um mit der Vergangenheit abschließen zu können
- ✓ und wie du Situationen ein Schnippchen schlagen kannst, wenn bei dir mal wieder irgendwas oder irgendwer die richtigen Knöpfe gedrückt hat und alte Verhaltens- oder Denkmuster anspringen sollten

So ausgerüstet bist du bestens gewappnet, um dich gegen den Sog in die Vergangenheit zu währen. Ein toller Nebeneffekt des Ganzen: Die meisten hier vorgestellten Übungen und Techniken lassen sich wunderbar auf Zukunftsängste ummünzen. Wenn du nicht über Dinge der Vergangenheit nachgrübelst, sondern gefühlt nebenberuflich mit dem Ausmalen von Schreckensszenarien beschäftigt bist, kannst du ebenfalls wunderbar zum Body Scan greifen oder andere Achtsamkeitstechniken anwenden, um dich zu ankern.

Woche 4
Selbstliebe - Wie kann ich mich selbst lieben und so annehmen wie ich bin?

Tag 1 - Basiswissen rund um die Selbstliebe

„Ein Quäntchen Selbstgefühl ist uns zum Fortkommen in der Welt mehr wert als ein Zentner Wissen und Können"

- Unbekannt

Hallo und ganz herzlich willkommen zu dieser sehr bedeutsamen Woche. In den nächsten sieben Tagen wirst du dich mit dem Thema Selbstliebe auseinandersetzen und somit auch mit Selbstakzeptanz, Selbstvertrauen und – ganz wichtig – der Selbstfürsorge, auch bekannt unter dem Begriff Self-Care.

Selbstliebe ist ein wichtiger Baustein auf dem Weg zu einem guten Umgang mit dir selbst und zu einem erfüllten Leben. Tipps, wie du diese Selbstliebe in dein Leben einladen kannst, scheinen dich von jedem zweiten Magazin, Blog-Eintrag und Buchcover anzulachen. Nicht zu Unrecht, denn das Thema ist von besonderer Bedeutung und verdient definitiv das hohe Maß an Aufmerksamkeit, das ihm aktuell zugesprochen wird. Dabei ist es aber wichtig, darauf zu achten, dass wir wirklich von Selbstliebe reden.

Bitte lege das Buch einmal kurz zur Seite und halte einen Moment inne.
- → Welche Assoziationen verbindest du mit dem Begriff Selbstliebe?
- → Welche Bilder steigen in dir auf?

→ An welche Aktivitäten denkst du, wenn du das Wort Selbstfürsorge hörst?

Lasse diese inneren Bilder ein paar Augenblicke auf dich wirken und achte dabei bitte sehr aufmerksam darauf, welche Emotionen du dabei in dir aufsteigen fühlst.

→ Wirst du unruhig?

→ Verspürst du eine gewisse Ablehnung gegenüber dem Thema?

→ Bist du genervt davon und möchtest diesen Teil des Arbeitsbuches am liebsten überspringen?

Versuche bitte, diese Emotionen nicht zu bewerten oder zu unterdrücken. Lasse sie in dir aufsteigen und nimm sie wahr, mit Offenheit und aufrichtigem Interesse. Falls möglich, versuche bitte nicht, sie als unpassend oder unerwünscht vor dir selbst zu verleugnen oder kleinzureden.

Diese Gefühle und Assoziationen können für dich ein wertvoller Hinweis darauf sein, wie du dich dem Thema am besten nähern kannst, an welchen Stellen es möglicherweise ein wenig extra liebevoller Zuwendung bedarf, um der ganzen Thematik mehr Raum in deinem Leben zu erlauben und ob es da möglicherweise Blockaden aus deiner Vergangenheit gibt, die dich auf dem Weg in ein Leben mit Selbstliebe ausbremsen könnten.

Nach der kurzen Pause magst du dich vielleicht ein paar Schritte bewegen, etwas frische Luft schnappen oder ein paar Schluck Wasser trinken, bevor du mit deiner Lektüre fortfährst.

Wichtig für die folgenden Tage dieser Challenge: Achte gut auf dich und deine Bedürfnisse. Wenn Selbstliebe und Selbstfürsorge in deinem Leben bisher keinen großen Stellenwert hatten oder einnehmen durften, dann ist jetzt der Moment, die ersten Babyschritte in die entsprechende Richtung zu machen – zunächst, indem erst einmal etwas Klarheit in den Begriffsdschungel kommt.

In dem Buch „Ich bin gut, so wie ich bin..." wird diese Form der Liebe als eine uneingeschränkte Annahme der eigenen Person mit allen Schwächen und Stärken bezeichnet, die laut bekannter Psychoanalytiker wie Erich Fromm oder Luise Reddemann eine überaus bedeutsame Grundlage für Menschen darstellt, um mit ihrer Umwelt und ihren Mitmenschen in einen positiven Kontakt treten und diese lieben zu können.

Die uneingeschränkte Liebe für sich selbst bezieht die Schwächen und Mängel der eigenen Person mit ein, ohne diese zu ignorieren oder kleinzureden. Stattdessen werden diese Anteile der eigenen Person als Teil des Gesamten akzeptiert. Das bedeutet, dass du durchaus mitbekommst, dass du beispielsweise zu Eifersucht neigst und diesen Zug an dir auch nicht unbedingt großartig finden musst, du dich dafür aber nicht verurteilst und ablehnst. Stattdessen kannst du durch diese Form der Liebe erkennen, dass jeder Mensch Schwächen und Stärken hat und es in deiner Hand liegt, mit deinen Anlagen und Möglichkeiten aus deiner aktuellen Situation das Beste zu machen – voller Wertschätzung für deine Mühen und dein Selbst.

Natürlich ist dieses Ideal der völlig wertfreien Selbstannahme schwer zu erreichen und es bedeutet keinesfalls, dass du nur dann zur Selbstliebe fähig bist, wenn du diesen Zustand erreicht hast. Betrachte dieses Ideal einfach als Idee, an der du dich orientieren, in deren Richtung du streben kannst – aber immer mit dem realistischen Blick auf dich und dein Leben.

Selbstbewusstsein ist eng verknüpft mit der Selbstliebe und wird unter anderem als Erlebnis des eigenen Seins definiert, über das du dich von deiner Umwelt abgrenzt und als eigenständige Person wahrnimmst. Zudem kann das Selbstbewusstsein als unabdingbare Basis für ein gesundes Selbstvertrauen verstanden werden, denn wenn du dein Sein an sich bereits als wertvolle Existenz wahrnimmst, bist du unabhängig von äußeren Statussymbolen wie sozialer Stellung oder Vermögen und kannst dich als Person über deine Werte und Normen definieren.

Wenn du ein gutes Selbstbewusstsein hast, kannst du dein Sein, dein Leben und Erleben als solches annehmen und kennenlernen, ohne es mit anderen vergleichen zu müssen. Stattdessen kannst du einen ehrlichen Zugang zu dir und deinen Wünschen und Bedürfnissen finden, deine Stärken und auch deine Grenzen kennenlernen, testen und auch anerkennen und dich dann damit annehmen.

Dadurch, dass du dich in deinem Sein annehmen kannst, darfst du auch Schwächen und weniger tolle Seiten an dir entdecken und zeigen und hast so die Chance, auf eine konstruktive Weise damit umgehen zu lernen.

Das Gefühl für den eigenen Selbstwert ist ein wichtiger Teil davon. Du weißt, dass du nicht erst etwas Besonderes leisten musst, um gemocht und geliebt zu werden. Du weißt auch, dass du auch mit deinen Schwächen geliebt werden darfst und dass du es verdienst, von anderen gut behandelt zu werden und – ganz besonders wichtig! – auch von dir selbst eine gute Behandlung, einen guten, aufmerksamen, liebevollen Umgang mit dir selbst erwarten darfst.

Du weißt, was du möchtest, welche Werte du vertrittst und was dir im Leben wichtig ist. Das spiegelt sich auch in deinem Selbstvertrauen wider, was sich in deinen nach außen erkennbaren Leistungen zeigt. Wenn Fehler oder Missgeschicke passieren oder du auch mal so richtig ins Fettnäpfchen trittst, kannst du das anerkennen, aber du leidest nicht extrem darunter, sondern erkennst die Möglichkeit für dich, dich daran zu entwickeln und zu lernen.

Deine Einstellung gegenüber deiner Umwelt und deinen Mitmenschen ist prinzipiell positiv, ohne naiv zu sein und du gehst von einer guten Entwicklung der Dinge aus. Selbstvertrauen, Selbstliebe, Selbstwert und Selbstbewusstsein entwickeln sich bereits in deiner Kindheit, in der du bei guten Bindungserlebnissen ein sogenanntes Urvertrauen entwickeln konntest, was sich auf die oben genannten Aspekte massiv auswirkt.

Doch auch wenn du als Kind kein ungetrübtes Urvertrauen entwickeln konntest, Bindungs- und Entwicklungsstörungen oder andere Sozialisationsprozesse das Leben schwer gemacht haben, du heute nicht so unbeschwert durch deinen Tag spazierst und immer wieder von Stolpersteinen ausgebremst wird, wie einem Mangel an Selbstvertrauen, bist du diesem

Umstand nicht hilflos ausgeliefert. Du kannst dir professionelle Unterstützung durch eine Therapeutin holen und du kannst auch selbst an dem Verhältnis zu dir und deiner Selbstliebe für dich arbeiten.

→ Wie fühlt sich diese Option, dieser Gedanke an?
→ Wie eine Chance oder macht er dir möglicherweise auch etwas Angst?
→ Bist du neugierig, wie sich die wichtigste Beziehung in deinem Leben, nämlich die zu dir selbst, entwickeln könnte, wenn du dich leichter annehmen könntest?

Gönne dir nach diesem ersten recht informationslastigen Tag eine kleine Pause und lüfte deinen Kopf durch: Dreh eine Runde durch den Park, setz dich auf den Balkon und lass dir die Sonne auf die Nasenspitze scheinen oder leg dich auf eine Wiese. Fühl bewusst die Natur um dich herum und wie sie auf dich und deine Stimmung wirkt!

Tag 2 - Verortung: Wo stehe ich?

„Nimm dich selbst an, dann musst du dir die Liebe nicht von anderen leihen."

R. Markle

Hallo du, willkommen zurück. Nachdem du gestern ein wenig Hintergrundinformationen rund ums Thema Selbstliebe und Selbstakzeptanz gesammelt hast, geht es heute darum, Inventur zu halten: Wie ist die Lage bei dir? Wie schaut es aus mit all diesen wunderbaren Einstellungen wie Selbstakzeptanz und Selbstliebe sowie Selbstvertrauen?

Die meisten von uns wissen, wie wichtig Selbstliebe ist – nicht nur für unser mentales Wohlbefinden, sondern auch für unser physisches. Gestern hast du einiges darüber gelernt, warum Selbstliebe aus eben diesen Gründen nicht nur ein nettes Gefühl ist, sondern auch ein wichtiger Aspekt des guten Umgangs mit sich selbst und ein wesentlicher Faktor für einen gesunden Körper und einen gesunden Geist.

Auch auf unsere Verbindungen mit anderen und unser Wirken allgemein in der Welt wirkt eine liebevolle Beziehung zu uns selbst sich positiv aus. Deshalb darfst du etwaige Befürchtungen, gelebte Selbstliebe könnte dich als egoistischen oder selbstzentrierten Menschen erscheinen lassen und dies würde bedeuten, dass du nicht mitfühlend bist oder keinen Gemeinschaftssinn hast und immer nur zuerst an dich denkst, getrost ad acta legen.

Gern wird bei diesen Befürchtungen von Klienten in therapeutischen Settings das Bild der Flugzeugpassagiere bemüht. Im Falle einer Turbulenz wird immer dazu geraten, sich selbst die Sauerstoffmaske zuerst aufzuziehen. Nur dann wird der eigene Körper genug mit lebensnotwendigem Sauerstoff versorgt und du kannst auch anderen helfen. Versuchst du, dich selbst und deine Wünsche immer zurückzunehmen, dich und deine körperlichen und geistigen Bedürfnisse hintenanzustellen, dir also selbst den Sauerstoff zu verweigern und erst die Passagiere um dich herum mit Masken zu versorgen – dann wirst du nicht weit kommen. Dir wird sprichwörtlich die Luft ausgehen und selbst wenn du die allerbesten und selbstlosesten Absichten hast, wirst du diese nicht umsetzen können.

Deshalb ist es absolut okay, wenn du dich mit dem Thema Selbstliebe auseinandersetzen möchtest und es ist ebenso okay, wenn du merkst, dass du in diesem Bereich deiner inneren Ordnung etwas aufholen magst und daher mehr Zeit und Kraft in dich selbst investieren willst. Das ist dein gutes Recht und es liegt in deiner Hand, dich aktiv für einen liebevolleren Umgang mit dir selbst zu engagieren. Wenn du dabei zeitliche oder finanzielle Ressourcen in Anspruch nimmst, die du sonst anderen zur Verfügung gestellt hast, kannst du dies kurz erläutern, aber du bist deine Priorität. Dein Lebensglück liegt nicht in der Verantwortung einer anderen Person und deshalb ist es fantastisch, wenn du jetzt das Heft in die Hand nimmst und das Thema neu angehen möchtest.

Genau wie in dem obenstehenden Spruch von Rolf Markle erlauben dir Selbstliebe und Selbstakzeptanz zudem eine gesunde Form der Unabhängigkeit. Du kannst im Umgang mit anderen selbstbewusst und frei reagieren, weil du nicht ständig von dem Wunsch angetrieben wirst, von außen Bestätigung zu bekommen, um den inneren Mangel an Selbstliebe auszugleichen. Wenn du dich selbst annehmen kannst, wirst du weniger dazu neigen, dir Bestätigung im Außen zu suchen und dich deines Wertes und deiner Liebenswürdigkeit bei Menschen um dich herum zu vergewissern. Das schafft nicht nur dir Freiräume, sondern ermöglicht auch deinen Mitmenschen einen entspannteren und unbeschwerten Umgang mit dir.

Trotzdem kämpfen wir alle nahezu täglich mit Gefühlen von Unzulänglichkeit, Minderwertigkeitskomplexen oder sogar ausgeprägtem Selbsthass – selbst, wenn wir tief in uns drin wissen, wie wichtig Selbstliebe ist. Die Gründe, warum wir uns diese Form der Liebe nicht geben oder zugestehen, können sehr vielfältig sein und sich von Person zu Person unterscheiden.

Stell dich bitte einmal vor einen Spiegel. Falls es in deiner Wohnung einen Wand- oder Körperspiegel gibt – Klasse! Dann nimm bitte den. Falls nicht, tut es auch der Badezimmerspiegel oder der Handspiegel. Schau dich an. Nein, nicht gleich entnervt weggucken oder dich voller Vehemenz in deinen Top Hass-Stellen verbeißen! Versuche, den inneren Kritiker zu bemerken, aber schenke ihm keine weitere Beachtung. Auch der innere Antreiber macht in solchen Momenten gern seine Aufwartung mit ungefragten Empfehlungen wie „Du solltest mal wieder mehr Sport machen!" oder „Regelmäßige Gesichtsgymnastik soll die Haut ja frisch halten!" Nimm auch das wahr, ohne darauf einzusteigen. Schaue dir dann in die Augen und sage: Ich liebe dich!

Wenn du merkst, dass sich allein beim Lesen dieser Zeile alles in dir zusammenzieht, dann denke diesen Satz zunächst nur. Schaue dir aber dabei trotzdem in die Augen.

Stelle dir einen Wecker und schreibe fünf Minuten vollkommen frei auf, was diese Aussage mit dir gemacht hat!

Als Impuls können dir folgende Fragen dienen:

→ Wie fühlte sich diese Übung an?

→ Stiegen Tränen auf?

→ Hast du etwas wie Frust oder Wut verspürt?

→ Kommst du dir albern vor?

→ Hast du dich geschämt?

→ Brachtest du den Satz gar nicht erst über die Lippen?

→ Hat sich dein Körper verkrampft oder hat er sich entspannt?
→ Wie fühlt sich dein Gesicht an?
→ Wie ist deine Stimmung jetzt?
→ Und wie geht es dir, wenn du dies aufschreibst?

Nutze dieses kleine Experiment als Momentaufnahme. Sie kann dir zur aktuellen Verortung dienen. Gerade Menschen, die sich nur sehr schwer annehmen und einen starken inneren Kritiker oder Antreiber haben, können sich nur schwer überwinden, diesen Satz überhaupt zu denken – ganz zu schweigen davon, ihn laut auszusprechen. Versuche anzunehmen, was dir begegnet, und gönne dir für heute erst einmal eine Pause.

Tag 3 - Wo will ich hin?

*„Was hinter uns liegt und was vor uns liegt,
sind winzige Dinge im Vergleich zu dem, was in uns liegt."*

– R. W. Emerson

Hallo und willkommen zurück! Wie hast du dich gestern noch gefühlt? Hat dich die kleine Übung bis heute begleitet oder hast du sie schnell zur Seite geschoben? Wärest du bereit, sie noch einmal zu wiederholen? Nur in Kurzform?

Dann nimm dir bitte einen Kosmetik- oder Handspiegel und schau dir einfach kurz fest in die Augen. Sage dann einmal mit fester Stimme: „Ich liebe dich!" Sollte der Satz noch nicht so gut über die Lippen gehen – kein Problem! Du kannst ihn auch leise flüstern, sodass du ihn selbst fast nicht hörst oder du denkst ihn dir.

Sollten dabei Gedanken aufkommen, wie „Aber das stimmt doch gar nicht! Ich hasse mich! Nichts an mir ist liebenswert!" und du einen wirklich heftigen Widerwillen verspüren, wandele den Satz ab: „Ich lerne mich kennen und möchte mich mögen." „Ich bin auf dem Weg, mich anzunehmen." „Ich freue mich darauf, mich besser anzunehmen."

Halte einen kurzen Moment inne und denke darüber nach, ob du eine Formulierung finden kannst, die sich für dich stimmig anfühlt. Falls ja, schreibe sie dir auf.

_____

_____

Wiederhole die Übung dann noch einmal. Anschließend kannst du mit dem Lesen dieses Abschnitts fortfahren!

Wenn du dir bisher Gedanken zum Thema Selbstliebe gemacht hast, wirst du wahrscheinlich schon instinktiv eine Ahnung haben, was für dich persönlich wichtige Komponenten sind und was für dich weniger von Bedeutung ist.

Möglicherweise weißt du schon gut, was du eigentlich von deinem Leben möchtest, was dir wichtig ist, wofür du dich einsetzen magst, wofür du arbeiten willst. Aber du kennst das sicherlich auch! Diese lange innere Liste an Dingen, die wir tun würden, ist fest gekoppelt an

Bedingungen, die wir erst erfüllen zu glauben müssen, bevor wir uns unsere aktive Fürsorge in Form von Gedanken, Worten und Taten überhaupt zugestehen.

Wie oft beginnen wir damit, uns schöne Zukunftsszenarien im Kopf auszumalen, die wir im Keim ersticken, mit einer langen Anforderung an uns: Ja, wir dürfen dies und das tun: denken, essen, genießen, machen – wenn wir endlich gut genug ausgebildet, hübsch, schlank, stark genug wären! Überlege dir einmal die Liste an Worten, die du deinem Umfeld auf den Weg geben würdest, die Beziehungen, die du führen würdest!

Wir würden die Frau, die morgens immer im Bus vorne links sitzt, für ihren coolen Modegeschmack loben, wenn wir uns stilsicher genug fühlen würden. Wir würden unserer Vorgesetzten diese neue Idee präsentieren und anfragen, ob das neue Projekt nicht in unsere Verantwortung gelegt werden könnte, um endlich beweisen zu können, was in uns steckt – wenn wir nur gut genug vorbereitet wären. Wir würden dieser schrecklichen Mutter von Timo sagen, dass sie bitte damit aufhören soll, anderen Müttern bei jeder Gelegenheit ein schlechtes Gewissen zu machen – wenn wir nur selbstsicher genug wären. Und ganz klar würden wir auch endlich zu dem heiß ersehnten Tanzkurs und endlich mal wieder an den Strand gehen – wenn wir nur etwas fitter sind.

Jetzt wage dich mal an ein kleines gedankliches Experiment:

> → Was würdest du tun, wenn du dich selbst annehmen könntest – so wie du bist? Ganz ohne Wenn und Aber. Ganz ohne Einschränkung.

Falls sich dabei zunächst gar nichts in dir rührt außer Widerwillen oder Selbstzweifel, geben wir dem Ganzen eine spielerische, magische Komponente:

> → Stell dir vor, eine Fee käme jetzt zu dir ins Zimmer geflogen und würde sich direkt auf dieses WORT setzen und dich erwartungsvoll anlächeln. Sie würde dir drei Wünsche gestatten rund ums Thema Selbstliebe. Was würdest du ändern?

Greif dir einen besonders schönen Stift und notiere dir deine Wünsche. Wenn dir noch mehr einfallen, kannst du sie auf einem Extrablatt aufschreiben.

Wunsch 1:

___

Wunsch 2:

___

Wunsch 3:

_____

_____

Ja, aber das wird ja ohnehin niemals in Erfüllung gehen, magst du dir denken! Das mag stimmen. Aber wer groß träumt, kann dabei viel über sich lernen. Aus Woche 1 weißt du bereits um die Kraft der Lebensträume und auch, wie dir möglicherweise fantastisch anmutende Wünsche als Richtungsweiser für den tatsächlichen Alltag dienen können. Du wirst sicherlich keine Superheldin werden, die von Stadt zu Stadt fliegt, um die Armen und Schwachen zu retten – aber vielleicht ist das ein Fingerzeig, dass da ein Wunsch nach Engagement in dir steckt, den du bei einem Ehrenamt umsetzen kannst und so durch den liebevollen Umgang mit anderen auch dir selbst gegenüber mehr Liebe entgegenbringen kannst und dich vielleicht aufgrund dieser Tätigkeit auch besser annehmen kannst in deinem gesamten Sein.

Falls du noch Lust und Energie hast, nimm bitte noch einmal deinen Stift zur Hand und widme dich der nächsten Übung:

Bei dieser nächsten Übung geht es darum, dein Selbstliebe-Ich so genau wie möglich zu visualisieren. Um dich darin ein wenig zu unterstützen, kannst du auch Dinge aufschreiben oder zeichnen. Dabei müssen weder Romane noch Kunstwerke entstehen. Wichtig ist nur, dass du so spezifisch wie möglich arbeitest und dir dein Ich, das sich selbst liebt, in allen Facetten und Farben ausmalst! Wenn du magst, kannst du folgende Fragen als Anregungen nutzen:

- → Welche Kleidung würde ich anziehen, wenn ich mich lieben würde?
- → Welche Veranstaltungen würde ich besuchen?
- → Welche Menschen hätte ich um mich herum?
- → Von welchen Personen würde ich Abstand halten?
- → Wie würde ich meinen Tag gestalten?
- → Wie wäre meine Work-Life-Balance?
- → Wie würde ich mich ernähren?
- → Würde ich eine spirituelle oder religiöse Praxis verfolgen, wenn ich mich selbst lieben würde?

Selbstliebe - Wie kann ich mich selbst lieben und so annehmen wie ich bin?

→ Was würde ich ausprobieren wollen, wenn ich mich selbst annehmen könnte, so wie ich bin?

→ Mit wem würde ich das Gespräch suchen?

→ Was würde ich lernen wollen, wenn ich auf mich und meine Fähigkeiten vertrauen könnte?

Bei dieser Aufgabe geht es, anders als bei der Fee-Übung, um eine realistische Vorstellung – die du dann auch realisieren kannst, wenn du möchtest. Hebe deine Zeichnung, deine Mitschriften auf und schaue sie dir heute Abend vor dem Einschlafen noch einmal an. Versuche, dir alles so bildlich wie möglich vorzustellen. Wer weiß, vielleicht träumst du sogar davon?

Tag 4 - Potenzielle Hindernisse erkennen: Selbstsabotage

„Ein geringes Selbstwertgefühl ist wie eine Fahrt durch das Leben mit gezogener Handbremse."

– M. Maltz

Hallo du Liebe, bereit für einen neuen Tag? Heute widmen wir uns möglichen Stolpersteinen, die dich auf dem Weg zu mehr Selbstliebe ausbremsen können. Im Grunde genommen ist es eigentlich ganz einfach.

Du weißt doch im Grunde, was dir gefällt und was dir nicht gefällt und eigentlich weißt du auch ziemlich gut, was dir guttun würde und was nicht. Du weißt, dass die fünfte Tasse Kaffee für dich viel weniger gut ist als eine echte Pause und eine ausgedehnte Nachtruhe wichtiger gewesen wäre, als die dritte Folge Serie gestern, die dir eigentlich gar nicht so viel Freude bereitet hat, als dass sich die Übermüdung und der Kopfschmerz heute lohnen würde (und die vierte und fünfte übrigens auch nicht ...).

Du weißt, dass das straffe Programm, das du dir jeden Tag auferlegst, dich langfristig zusammenklappen lässt. Und du weißt, dass das Babysitten bei deiner Schwester dir nach einem langen Arbeitstag eigentlich zu viel ist.

Wieso aber neigen wir dann dazu, Dinge zu machen, Zeit mit Leuten zu verbringen, Sachen zu essen, die uns eigentlich gar nicht guttun? Mit dem Hintergrundwissen vom ersten Tag kannst du sicherlich schon mit etwas mehr Weitblick an das Thema herantreten. Es gibt verschiedenste Gründe, warum wir uns selbst nicht die Liebe geben können, dir wir anderen vorbehaltlos schenken würden.

Vielleicht haben wir bereits in unserer Kindheit erlernt, dass Selbstliebe nur etwas für Selbstverliebte ist oder überflüssige Spielerei für Menschen, die fest im Leben stehen. Vielleicht halten dich negative Gedanken gegenüber dir selbst ab oder Verletzungen, die es schwer machen, dir selbst zu vertrauen. Möglicherweise hegst du einen Groll gegen dich und möchtest dir deswegen selbst nichts Gutes tun und dich indirekt bestrafen. Oder du hast Sorge, dass du weich wirst dadurch und nicht mehr so leistungsfähig bist; dass du egoistisch wirken könntest, dass du weniger gemocht wirst, wenn du dich und deine Belange in den Mittelpunkt stellst, dass du dir blöd vorkommst ...

Atme einmal tief durch und schreibe dann fünf Minuten vollkommen frei auf, welche Gedanken dir in den Sinn kommen. Warum tust du dich mit dem Thema Selbstliebe schwer?

Als Impuls können dir folgende Fragen dienen:

→ Welchen Stellenwert hat Selbstliebe für dich?

→ Findest du dich liebenswert?

Selbstliebe - Wie kann ich mich selbst lieben und so annehmen wie ich bin?

→ Darfst du dich selbst lieben?
→ Findest du Selbstfürsorge insgeheim affig oder selbstverliebt?
→ Hast du diese Einstellung zur Selbstliebe schon immer gehabt oder hat sie sich gewandelt?
→ Gab es eine Zeit, in der du besser für dich sorgen konntest? Was ist jetzt anders?
→ Fällt es dir leichter, dich um andere zu kümmern? Falls ja, warum?

Wenn du dich mit diesem Thema auseinandersetzt, kann es sein, dass sich einige Knoten bereits zu lösen beginnen. Mitunter kann die Erkenntnis, dass wir ziemlich harsch über uns denken, in dieser direkten Auseinandersetzung ernüchternd, vielleicht sogar schmerzhaft sein. Festgefahrene Gedankenmuster oder negative Glaubenssätze, die Tag für Tag in unserem Kopf präsent sind, schwarz auf weiß auf Papier zu sehen – da muss man mitunter schon schlucken. Bitte beginne jetzt aber nicht damit, dich für diese Gedanken zu verurteilen. Du hast dir ja nicht vorgenommen, dich schlecht zu behandeln.

Es ist schön, dass du heute neue Erkenntnisse über dich gewinnen konntest: So hast du die Möglichkeit, an diesen Glaubenssätzen zu arbeiten oder sie durch neue, liebevollere zu ersetzen, die dir von Herzen guttun.

Wichtig ist dabei auch, sich den eigenen Umgang mit sich, der bisher möglicherweise wenig liebevoll und freundlich war, zu verzeihen. Sonst trägst du nur ein weiteres Paket an Groll und negativen Emotionen mit dir herum, was dich belastet und es dir erschwert, dich voller Liebe und Aufrichtigkeit anzunehmen.

Die Übung, zu der du dich heute einladen kannst, ist unter verschiedenen Namen bekannt, unter anderem unter der Bezeichnung Klopftechnik, psychologische Akupressur, der Abkürzung EFT (steht für Emotional Freedom Techniques) oder unter dem Überbegriff Emotional Release Techniques.

Unter Emotional Release Techniques werden Techniken zusammengefasst, bei denen der Anwender körperlichen oder seelischen Schmerz oder Stress bewusst wahrnimmt, mitunter auch die Ursache dafür erforscht und sich mit diesem unangenehmen Gefühl annimmt und sich so davon lösen kann, statt es konstant von sich wegzuhalten und dadurch immer damit in Kontakt zu sein.

Die Emotional Freedom Techniques sind in verschiedenen Ausführungen bekannt und lassen sich vollkommen unkompliziert überall anwenden. Es handelt sich um eine Art Akupressur, bei der bestimmte Meridiane aktiviert und Blockaden gelöst werden sollen, während eine Affirmation gesprochen wird. Du brauchst nicht mehr als deine Hände und dich selbst.

Benenne zuerst dein Problem, etwa: „Ich schaffe es nicht, mich voll und ganz anzunehmen" oder „Ich kann mir keine Selbstliebe schenken". Dann ordnest du das Problem einer Intensität auf einer Skala von 1 bis 10 zu. Bei einer 1 tangiert dich das Problem nur minimal, 10 ist die höchstmögliche Belastung. Dadurch nimmst du das Problem bewusst wahr und erkennst es in seiner Intensität für dich an. Danach beginnt das sogenannte Tapping oder Klopfen.

Für Anfänger wird zu einer Kurzversion geraten. Bei dieser schlägst du die Außenkanten der Hände drei Mal aufeinander, wie bei einem Karate-Move. Dabei sprichst du deine Affirmation: „Auch, wenn ich X denke/spüre/getan habe, liebe und akzeptiere ich mich so, wie ich bin!"

Ein Beispiel wäre: „Auch wenn ich mich noch nicht so lieben kann, wie ich möchte, liebe und akzeptiere ich mich so, wie ich bin" oder „Auch wenn ich mir diesen Fehler x schwer verzeihen kann, liebe und akzeptiere ich mich so, wie ich bin."

Dann beginnst du, mit den Fingern beider Hände auf den Scheitelpunkt zu klopfen, während du die Affirmation wiederholst. Anschließend geht es zum inneren Rand der Augenbraue und dann zum Knochen am äußeren Augenwinkel, dann zum Punkt unter der Mitte deiner Augen auf dem Jochbein und dann an den Punkt zwischen Nase und Oberlippe. Du klopfst einige Male und wiederholst dabei je nach Gefühl ein bis drei Mal deine Affirmation.

Danach wechselt du zum Punkt zwischen Unterlippe und Kinnwölbung, dann links und rechts unter den Schlüsselbeinen, dann unter den Achseln, etwa in Höhe vom BH und dann auf beiden Seiten des Brustkorbs ungefähr am Unterband des BHs unter den Brüsten. Danach kannst du eine erneute Bewertung deines Problems vornehmen. Ist es noch bei 10 auf der Skala, oder fühlt es sich schon weniger schlimm an? Wenn du magst, kannst du eine neue Runde starten, mit dem Satz: „Auch wenn ich immer noch x denke/getan habe/schwierig finde/Angst habe, mich zu mögen etc., liebe und akzeptiere ich mich so, wie ich bin!"

Danach gönne dir unbedingt eine Pause!

Tag 5 - Darf ich mich lieben?

*„Du selbst, genauso wie jeder andere im ganzen Universum,
verdienst deine Liebe und Zuneigung."*

- Buddha

Hey du! Schön, dass du nach gestern wieder mit dabei bist. Wie geht es dir nach dem Tapping? Hast du das Gefühl, es hat sich etwas in dir gelöst? Hat dir diese Technik so gar nicht zugesagt? Oder stehst du dem Ganzen neutral gegenüber?

Wenn du magst, kannst du dieses Vorgehen ja im Hinterkopf behalten und immer mal wieder anwenden. Nach ein paar Wochen der Praxis kannst du noch einmal schauen und bewerten, ob und wie dir das Tapping etwas auf dem Weg zu einem liebevolleren Umgang mit dir selbst bringt. Vielleicht stellst du fest, dass bereits das Anerkennen und Einordnen eines negativen Gefühls dir viel Erleichterung und Klarheit bringt. Oder du bemerkst, dass bereits ab Klopfpunkt zwei oder drei eine gewisse Entspannung einsetzt, weil du dich daran gewöhnt hast. Möglicherweise bemerkst du auch, dass es dich ein wenig ruhiger mit den Stürmen des Lebens umgehen lässt, wenn du ein gewisses Repertoire an Techniken und Methoden zur Verfügung hast, die du bei emotionalem oder körperlichem „Schietwetter" einsetzen kannst. Denn mitunter macht schon der Gedanke daran, dass man im Falle des Falles gut für sich sorgen kann, stärker, selbstbewusster und vertrauensvoller im Umgang mit dem, was da kommen mag.

Mit diesem guten Gefühl im Hinterkopf kannst du heute in Tag fünf der Challenge starten. Während wir uns gestern mit möglichen Blockaden und unaufgelösten Stacheln aus deiner Vergangenheit beschäftigt haben, die dich eventuell von einem Leben voller Selbstliebe abhalten, soll es heute um einen anderen Kontrahenten gehen: den inneren Antreiber.

Vielleicht ist dir dieser Ausdruck im Rahmen deiner Persönlichkeitsentwicklung schon einmal begegnet. Innere Antreiber können in mannigfaltiger Gestalt zum Ausdruck kommen, etwa mit scharfen Vorwürfen, unerbittlichen Ansprüchen an dich selbst oder durch Vergleiche mit anderen Menschen um dich herum.

Aber welche Probleme kann ein innerer Antreiber in puncto Selbstliebe und Selbstfürsorge denn bereiten? Ist es nicht gut, wenn du endlich den inneren Schweinehund überwindest und endlich gesünder isst, dich mehr bewegst und mehr Pausen machst?

Ja, prinzipiell ist dieser Einwand berechtigt und natürlich gehen Veränderungen deiner Gewohnheiten auch immer mit einem gewissen Grad an Eigendisziplin einher. Der Mensch ist ein Gewohnheitstier und manchmal braucht es einen Schubs in die richtige Richtung und auch etwas Nachdruck, damit unsereins sich aus der Komfortzone bequemt und ungesunde Verhaltens- und Denkmuster durch gesündere und liebevollere ersetzt.

Der innere Antreiber aber macht daraus einen Wettbewerb. Gib auf Instagram, YouTube oder einem anderen Social Media Kanal das Stichwort Self-Care ein. Das Angebot an Informationen ist riesig. Nicht selten stellt man nach dem Sichten der Beiträge aber fest, dass das, was als Selbstfürsorge präsentiert wird, in harsche Selbstoptimierung umschlägt und dass mit immer extremeren Aktionen Aufmerksamkeit erzeugt wird. Wer trinkt den grünsten Smoothie, steht am frühsten auf, joggt die weiteste Strecke? Wie, du machst kein Intermittierendes Fasten, isst keine Smoothie Bowl und findest Meditieren doof? Dann kann das ja auch nichts mit der Selbstliebe werden. Selbst schuld! Um die zu verdienen, musst du einfach noch härter an dir arbeiten – ist ja klar!

Nur unerbitterliche Arbeit an dir selbst wird dafür sorgen, dass du dich selbst annehmen kannst – dann, wenn du alles richtig machst! Erinnert dich das an etwas? Richtig! An Tag drei und vier! Wenn du ohnehin zum Perfektionismus neigst, ist der Teufelskreis perfekt: Du fühlst dich nicht gut und wirst immer extremer in deinen Versuchen, dir Selbstfürsorge angedeihen zu lassen. Und so werden ein paar Minuten der Achtsamkeit und ein liebevoller Umgang mit dir selbst zu einem strikten und voll gestopften Plan voller To-dos, die du kaum in deinen Terminkalender quetschen kannst. Danach fühlst du dich ermattet und hast natürlich auch ein schlechtes Gewissen, weil du heute wieder nicht alles geschafft hast.

Kommt dir das bekannt vor? Dann heißt es jetzt: die Bremse ziehen! Stopp!

Es ist schön, wenn du Self-Care einen hohen Stellenwert beimisst, aber es sollte ein Genuss und keine weitere Aufgabe sein. Klar, manchmal muss man sich zu dem zwingen, was gut für einen ist und manchmal will man den Weg des geringsten Widerstandes gehen – aber Selbstfürsorge sollte immer aus einer liebevollen und achtsamen Haltung heraus ausgeführt werden, und nicht, um dich bestmöglich zu optimieren.

Härte gegen dich selbst hast du bisher bestimmt genug gezeigt. Jetzt geht es aber darum, dich mit all deinen Facetten anzunehmen und dich zu lieben. Gut für dich sorgen können will gelernt sein und es ist nur natürlich, dass du im Übereifer vielleicht einmal über das Ziel hinausgeschossen bist. Glücklicherweise kannst du ja jeden Tag dazulernen und deine Self-Care-Routine immer wieder neu an dein aktuelles Leben und deine persönlichen Bedürfnisse anpassen – ganz unabhängig davon, was die Social-Media-Welt gerade feiert oder was die anderen sagen. Du bist deine Expertin und du darfst so lange herumprobieren und Dinge testen, wie du magst.

Selbstverständlich stellt sich die Wirkung einiger Aktivitäten erst nach einiger Zeit ein und du solltest den Dingen eine Chance geben. Aber wenn du nach drei Wochen Sitzmeditation immer noch merkst, dass du dafür zu kribbelig bist und dann eher die Angst oder Schwermut in dir hochkommt, teste eine andere Entspannungs- oder Achtsamkeitsübung. Nur weil der Rest der Welt scheinbar diese eine Sache feiert, muss sie nicht für dich funktionieren. Das Gute ist ja: Es gibt eine schier unüberblickbare Auswahl an Optionen, aus denen du schöpfen kannst, sodass du mit etwas Ausdauer garantiert ein, zwei Dinge finden wirst, die für dich die perfekte Selbstfürsorge-Routine ergeben!

Falls du auf Social Media unterwegs bist, überprüfe bitte deinen Feed und deine Abos! Welche Kanäle, die als Self-Love-Kanäle deklariert sind, verursachen bei dir wirklich ein Gefühl von Selbstliebe und inspirieren dich? Nach welchen fühlst du dich unzulänglich oder unzufrieden? Lösche diese aus deinem Feed und verbringe wirklich nur noch Zeit mit Inhalten, die dich motivieren. Ein bewussterer Umgang mit den sozialen Medien kann schon einen großen Unterschied machen, wenn es darum geht, wirklich zu dir zu finden.

Wenn du schon ein Self-Care-Programm hast, unterziehe es einem ehrlichen Check: Warum tust du diese Dinge? Tun sie dir gut? Oder machst du sie, weil sie guttun sollen? Wenn dir vom grünen Smoothie bis heute schlecht wird, dann mach dir doch einfach mittags einen appetitlichen Salat. Wer hat gesagt, dass man seine Greens nur trinken darf? Nach dem Joggen tut dir alles weh? Wie wäre es mit wandern oder Radfahren? Erlaube dir, verschiedene Sachen auszuprobieren und nachzuspüren, wie du dich dabei und danach fühlst! Ob das beim neuesten Fitness-Trend der Fall ist oder bei einer „Omi-Methode" wie Nordic-Walking – wen kümmert's? Noch einmal: Selbstfürsorge ist kein Wettbewerb mit anderen Leuten, sondern eine höchst persönliche Sache, die nur dich allein betrifft – und nur du allein kannst wirklich wissen, was gut für dich ist.

Wenn du magst, mach dir ein paar Notizen oder fülle die Tabelle aus:

Self-Care-Aktivitäten, die mir nicht guttun	Warum mache ich sie trotzdem?	Welche Alternativen gäbe es für mich?	So hat mir die Alternative gefallen:

Tag 6 - Meine persönlichen Selbstliebe-Techniken

„Wenn du etwas entdeckst, das deine Seele nährt und Freude bringt, kümmere dich genug um dich selbst, um in deinem Leben Platz dafür zu schaffen."

– J. S. Bolen

Nachdem du die letzten Tage erfahren konntest, was mitunter die Gründe sein könnten, warum du bisher deine Schwierigkeiten mit der Umsetzung von Selbstliebe in deinem Leben gehabt hast oder warum sich die Akte der Selbstfürsorge eher wie eine anstrengende To-Do-Liste angefühlt hat, statt wie Momente der Selbstliebe, geht es heute darum, herauszufinden, wie und wann du dir selbst Liebe schenken kannst.

Denn was auch immer die Gründe sein können, warum es bei dir und der Selbstliebe aktuell ein wenig hapern mag – etwa, weil du durch eine Trennung oder einen Verlust das Vertrauen in dich und das Leben verloren hast, du durch Alter oder Krankheit vor neue Herausforderungen gestellt wirst, die Anforderungen des Alltags keinen Raum mehr frei gelassen haben oder du ohnehin ein eher negatives Verhältnis zu dir selbst hattest – genau jetzt und heute, in diesem Moment, darfst du damit beginnen, ein neues Kapitel aufzuschlagen. Ab jetzt werden die Seiten deiner Lebensgeschichte mit einem liebevollen Blick auf dich geschrieben mit genug Platz in jedem Kapitel für dich und deine Bedürfnisse.

Wie sieht sie denn aber nun aus – deine Form der Selbstliebe? Wie du gestern erfahren hast, muss nicht das, was alle gerade tun, dein Weg zum heiligen Gral sein – obwohl bestimmte Teilkomponenten als wichtige Pfeiler der Selbstliebe gelten:

Entspannung	**Bewegung**
Was dir Entspannung bringt, kann sich völlig von dem unterscheiden, was deiner besten Freundin hilft. Den einen treibt Meditationsmusik die Wände hoch, die andere fühlt dabei die Anspannung förmlich von sich abperlen.	Auch das Thema Bewegung kann kaum vielfältiger sein. Es gibt unzählige Sportarten, die du ausprobieren kannst, aber auch fernab von Fitnessstudio oder Sportkurs gibt es zahlreiche Möglichkeiten, mehr Bewegung in dein Leben zu bringen.
Kläre vorab für dich einige Punkte, die für das Finden der passenden Entspannung wichtig sind: → Suchst du nach einem aktiven oder passiven Verfahren? → Bist du lieber in der Natur oder ziehst du dich bevorzugt in deine eigenen vier Wände zurück?	Wenn du aktuell noch ganz am Anfang stehst, kann es sehr sinnvoll sein, Bewegung behutsam in deinen Alltag zu integrieren und sanft zu steigern. Diese Form der Integration ist für viele leichter zu meistern als etwa ein Tanzkurs, bei dem uns – gerade, wenn es um Selbstvertrauen und Selbstakzeptanz noch nicht so gut bestellt ist – schnell Unsicherheiten, der innere Schweinehund oder die Angst,

→ Möchtest du etwas zur Hand haben, was überall und zu jeder Zeit funktioniert?

Beziehe in deine Überlegungen auch mit ein, ob du tagsüber mit vielen Menschen zu tun hast und daher lieber für dich sein willst oder ob du lieber gemeinsam mit anderen entspannen möchtest, weil du beispielsweise als Selbstständige oder Hausfrau den Großteil des Tages allein im Büro oder Haus verbringst.

Auch die Zeit, die wir zum Auftanken brauchen, kann von Person zu Person und auch von Jahreszeit zu Jahreszeit variieren. Manche Menschen fühlen sich im Sommer deutlich beschwingter und laden in dieser Saison wesentlich schneller ihre inneren Akkus wieder auf.

→ Wie steht es um meine Entspannung?

→ Wie und wo entspanne ich am besten?

→ Bin ich dabei gern in Gesellschaft oder lieber allein, in der Natur oder in einem Raum?

→ Möchte ich mich bewegen oder tief ruhen?

sich lächerlich zu machen, von den guten Vorsätzen abhalten und man wieder in seinen bewegungsarmen Trott verfällt.

Überlege dir auch hier, welche Form der Bewegung dir aktuell wirklich guttun würde und wie sie für dich in deinen Tag zu integrieren ist.

→ Bist du lieber allein aktiv oder würde dich ein Trainingspartner mitreißen? Oder würde eine Gruppe deine Motivation heben?

→ Gibt es eine Sportart, die du schon immer mal ausprobieren wolltest oder eine alte Leidenschaft, die du wieder reaktivieren könntest?

→ Gibt es gesundheitliche oder zeitliche Einschränkungen, auf die du Rücksicht nehmen solltest?

Sprich unbedingt vorher mit deiner Hausärztin und lass – falls du schon lange nicht mehr aktiv warst – gegebenenfalls einen Check-Up durchführen, um auf der sicheren Seite zu sein, bevor du loslegst.

Gesunde Ernährung

Vegan, Paleo, Low-Carb, Makrobiotisch – es gibt zahlreiche Ernährungsformen und je nachdem, mit wem man spricht, ist die eigens gewählte natürlich die einzig wahre. Grüne Smoothies, Superfoods und vieles mehr sollen den Körper nähren und den Geist stärken. Sicherlich sind bei vielen dieser Trends gute Ansätze erkennbar und du kannst dir wertvolle Anregungen holen.

Spiritualität

Ganz gleich, ob du dich einer Religion zugehörig fühlst oder nicht – eine spirituelle Praxis kann entschieden dazu beitragen, dass du dich mit dir wohler fühlst und es dir leichter fällt, auf das Gute im Leben zu vertrauen. Mit diesem Grundvertrauen ist es einfacher, ein Vertrauen in andere Menschen und auch in dich und deine Fähigkeiten zu entwickeln und besser mit Fehlern oder Rückschlägen umzugehen.

Wichtig ist jedoch, dass du eine Ernährungsweise findest, die zu dir und deinem Leben passt.

Du bist den ganzen Tag eingebunden zwischen Kinderbetreuung, Job und Haushalt? Da bleibt keine Zeit für stundenlange Kochsessions. Daher mach dir bitte keine Vorwürfe, wenn du nicht jeden Tag auf dem Markt frisches Gemüse holst, um daraus dann in stundenlanger Kleinarbeit instagram-taugliche Gerichte zu produzieren (zumal sich die meisten Dreijährigen wenig beeindruckt von Supergreens und Co zeigen). Das bringt nur zusätzlichen Stress, der dir nicht guttut.

Wenn du mehr gesunde und frische Lebensmittel in deinen Alltag integrieren möchtest, gibt es zahlreiche andere Möglichkeiten: Abonniere eine Gemüsekiste vom Bauern aus der Region, nimm dir am Wochenende Zeit für Meal-Prepping, erstelle dir einen flexiblen Speiseplan und wähle statt teurer Chiasamen regionale Lebensmittel, wie Leinsamen mit ähnlichem Nährstoffprofil.

Wenn du dich selbst überlisten musst, sprich dein Inneres Kind an und bereite dein Essen ansprechend zu. Mach dir einen Teller mit Gemüsesticks zum Knabbern anstatt Chips und erhöhe nach und nach die Gemüseanteile in Saucen oder Gratins. Wenn wählerischer Nachwuchs überzeugt werden muss, gib den Gerichten spannende Namen und lass die Kleinen eine bunte und gesunde Welt an Lebensmitteln fernab von Fertigprodukten kennenlernen.

Wie dein Weg der Spiritualität aussehen kann, ist eine höchst persönliche Entscheidung. Wurdest du in eine Religion hineingeboren, hast aber den Zugang dazu verloren in der Hektik des Erwachsenenlebens? Dann könntest du probieren, die Schriften zu lesen oder die für deine Religion üblichen Praktiken Stück für Stück in deinen Alltag zu integrieren und zu entdecken, wie sich dies jetzt für dich als Erwachsene anfühlt.

Hat dich auch schon immer eine bestimmte Religion interessiert und du möchtest mehr darüber erfahren? Dann informiere dich in der Bibliothek oder bei einer Gemeinde vor Ort oder nimm an einer religiösen Veranstaltung teil.

Fühlst du dich keiner Religion zugehörig, kannst du trotzdem eine gewisse Spiritualität praktizieren, etwa durch Rituale, wie das Lesen von spirituellen Schriften, die keiner Glaubensrichtung zugeordnet werden, das Meditieren oder das Praktizieren von Achtsamkeit.

Ob du dabei an einen Gott, die Liebe, das Universum oder das große Ganze denkst, ist allein deine Entscheidung und etwas, wofür du dich vor niemandem rechtfertigen solltest.

Wenn du diesen Aspekt lange nicht in deinem Leben hattest, gib dir die Freiheit, verschiedene Dinge auszuprobieren und immer wieder in dich hineinzuspüren, ob dies oder jenes zu dir und deinem jetzigen Leben passt.

Liebevolle Zuwendung	Geist
Wann warst du das letzte Mal so richtig liebevoll zu dir? Es gibt sehr viele verschiedene Möglichkeiten, sich selbst liebevolle Zuwendung zu schenken und dabei die eigenen Sinne zu verwöhnen. Du magst eine gemütliche Beleuchtung? Dann mach dir ein paar Kerzen an. Wenn der Nachwuchs noch zu klein ist, zaubern auch Lichterketten eine schöne Atmosphäre. Lüfte regelmäßig durch und probiere ätherische Öle aus, wenn du ein Nasenmensch bist. Zitrusdüfte wirken belebend, Vanille gemütlich und harmonisierend, Lavendel und Rose beruhigend, Minze und Rosmarin klärend und frisch. Auch ein frisch gebrühter Kaffee oder ein aromatischer Kakao kann ein wahrer Seelenstreichler sein. Wenn du deine Pflegeroutine durchgehst, achte einmal darauf, wie du deinen Körper berührst. Nutze jede Möglichkeit, dir etwas Liebe zu schenken. Baue beim Haarebürsten ein paar sanfte Extrastriche oder eine kleine Kopfhautmassage mit ein. Verteile deine Bodylotion nicht in aller Hektik zwischen Morgennachrichten und Schulbrotrichten, sondern nimm dir bewusst ein paar Minuten Zeit und arbeite die nährende Lotion achtsam in deine Haut ein. Gefällt dir der Duft? Wie fühlt sich die Creme an? Das Gleiche geht wunderbar als kleiner Ich-Moment im Büro oder in der Bahn mit Hand-Creme – fällt nicht auf, gibt aber wunderbar die Möglichkeit, kurz mit dir selbst in Kontakt zu kommen und dir bewusst etwas Zuneigung und Aufmerksamkeit zu schenken.	Selbstfürsorge bedeutet nicht nur Körper und Seele zu verwöhnen, sondern auch die Bedürfnisse deines Geistes anzuerkennen. Wenn du während deiner Arbeitszeit eher Routinetätigkeiten erledigst oder bei der Versorgung deiner Kinder mental wenig stimuliert wirst, darfst du das bemerken und auch sagen. Es ist absolut in Ordnung, zuzugeben, dass eine Unterhaltung mit einer Zweijährigen nicht so anregend für dich ist wie ein Austausch mit einem Erwachsenen. Das bedeutet keineswegs, dass du diese Zeit nicht schätzt, aber du tust gut daran, dir einen Ausgleich zu schaffen. Sorge für anregende Unterhaltungen, lies ein gutes Buch oder besorge dir anderweitig Futter für den Geist. Interessierst du dich für ein bestimmtes Wissensgebiet oder möchtest du eine neue Tätigkeit erlernen? Dies geht heutzutage sehr unkompliziert, denn im Netz findest du zu allen erdenklichen Themen Podcasts, E-Books oder Tutorials. Auch ein Besuch in der örtlichen Bibliothek kann sich lohnen: Vielleicht entdeckst du etwas Schönes zum Schmökern, wagst dich an einen Klassiker oder findest in der Sachbuchabteilung etwas komplett Unerwartetes, was dein Interesse weckt und was du weiter vertiefen möchtest. Wenn du den Tag über mental sehr eingespannt bist, ist es hingegen wichtig, dem Geist auch mal Ruhepausen zu gönnen und in der Freizeit Aktivitäten auszuprobieren, die frei von großartigen Stimuli sind. Eine schöne Schnulze kann dann herrlich entspannen oder auch ein einfaches Kartenspiel mit der Familie.

Tag 7 - Abschluss und Ausblick

„Sich selbst zu lieben, ist der Beginn einer lebenslangen Romanze."
– O. Wilde

Schon wieder ist eine Woche um und schon wieder hast du eine Challenge gemeistert. Diese Woche war sicherlich sehr bewegend für dich. Selbstliebe ist ein besonderes Thema und eine Fähigkeit von hoher Wichtigkeit – denn wie Oscar Wilde so richtig sagte: Sich selbst zu lieben, ist der Beginn einer lebenslangen Romanze.

Du darfst stolz auf dich sein, dass du den Schritt gewagt hast, die Beziehung zu dir zu stärken oder vielleicht auch das erste Mal überhaupt richtig einzugehen! Die letzten Tage hast du

- ✓ einiges an Hintergrundinformationen zum Thema Selbstliebe gewinnen können und auch den so wichtigen Unterschied zwischen Selbstliebe und Eigenliebe aufgezeigt bekommen. Dieser Unterschied ist für viele von uns entscheidend, damit wir uns auf das Unternehmen Selbstliebe einlassen können, denn gerade Frauen werden vielmals bereits seit ihrer Kindheit darauf getrimmt, dass Eigenlob stinkt und dass man sich zurücknehmen und nicht wichtig nehmen sollte.
- ✓ herausgefunden, wie es um deine Selbstliebe bestellt ist.
- ✓ herausgefunden, wie du sein würdest, wenn du dich selbst annehmen könntest.
- ✓ erkannt, zu welchen unterbewussten oder bewussten Methoden du greifst, um deine Selbstliebe zu sabotieren.
- ✓ gelernt, wie Selbstfürsorge sich nicht zu restriktiver Selbstoptimierung entwickelt.
- ✓ festgestellt, welche Formen der Selbstliebe für dich gut funktionieren.

Wenn du dir den eingangs erwähnten Spruch von Oscar Wilde ansiehst, wird dir schnell klar, dass die Selbstliebe genau wie jede andere Art der Liebe in deinem Leben besonderer Pflege und Nahrung bedarf. Bei romantischen Beziehungen zu anderen und selbst bei Freundschaften ist es uns mittlerweile in Fleisch und Blut übergegangen, dass wir – wenn wir eine harmonische und liebevolle Beziehung auf Augenhöhe führen wollen – auch in diese Verbindung investieren sollten: mit Zeit, Aufmerksamkeit und vielem mehr. Das machen wir gerne und wir bemühen uns nach besten Kräften, damit sich unsere Lieben in der Beziehung mit uns so wohl wie möglich fühlen.

Genau diese aufmerksame Zuwendung und Aufmerksamkeit sollten und dürfen wir auch der Beziehung mit uns selbst schenken – denn diese Verbindung ist diejenige, die ein Leben lang halten und uns begleiten und formen wird.

Es ist ganz fantastisch, dass du dir die Zeit nimmst und dich mit diesem Arbeitsbuch mit verschiedenen Themen auseinandersetzt, alte Barrieren aufbrichst und Blockaden löst, dich deinem Inneren Kind näherst und dich mit deinen Herzenswünschen und anderen Dingen beschäftigst, die für dich und dein erfülltes Leben von besonderer Bedeutung sind – und definitiv ein wichtiger erster Schritt in ein Erleben von mehr Selbstliebe.

Wichtig für eine dauerhafte Integration von Selbstliebe ist das bewusste Leben von Selbstakzeptanz und der bewusste Umgang mit deinem Selbstwert – auch in Zeiten, in denen es stressig wird, in denen du scheiterst, überhaupt nicht mit dir und deiner Situation zufrieden bist oder sich jemand gegen dich wendet und an deinem Selbstverständnis kratzt.

Genau das sind die Momente, in denen wir leicht in destruktive Verhaltensmuster zurückfallen. Es ist viel leichter, an etwas herumzunörgeln, als es zu verändern und es ist mit weniger Aufwand verbunden, sich zu beklagen und die Verantwortung an nach außen abzugeben, als immer wieder aufzustehen und sich selbst um sein Lebensglück zu kümmern. Aber das Tolle an der Sache mit der Eigenverantwortung ist, dass sie dir ein schier unendliches Maß an Freiheit ermöglicht: Wenn du nicht mehr darauf wartest, dass dir jemand von außen aufgrund besonderer Leistungen oder Verdienste endlich sagt, dass du etwas Besonderes bist, du deinen Selbstwert nicht mehr an Beurteilungen, Beförderungen oder Auszeichnungen, Likes auf Social Media oder dem größten Freundeskreis festmachst, sondern an dir selbst, kannst du ganz authentisch dein Ich leben und brauchst dich für nichts und niemand zu verbiegen. Wenn nicht erst der Prinz auf dem weißen Ross kommen muss oder diese eine beste Freundin, sondern du dich selbst liebst, so wie du bist, dann kannst du in die Welt hinaustreten und sie im Sturm erobern; und wenn dich dabei ein paar liebe Menschen begleiten und an deiner Seite sind umso besser. Aber sie stellen nicht mehr die Bedingung dafür dar, dass du überhaupt losgehst!

Gerade wenn all die Ideen der letzten sechs Tage sehr neu für dich waren und die Übungen dich viel Überwindung gekostet haben, ist es wichtig, dass du sanft mit dir umgehst und dir Zeit dafür einräumst, dich an den neuen, liebevolleren Umgang mit dir zu gewöhnen.

Ein wichtiger Faktor dabei ist, die Selbstliebe immer wieder auch im Alltag lebendig und im Bewusstsein zu halten. Auch das Vermeiden von negativen Einflüssen ist eine gute Strategie, zumindest, bis du sicherer auf deinen Selbstliebe-Füßen stehst. Sicherlich lässt es sich kaum vermeiden, dass auch weniger schöne Dinge in deinem Leben passieren. Der Stress wird keinen riesigen Bogen um dich machen, aber folgende einfache Dinge kannst du ausprobieren, um dein neues Selbstliebe-Pflänzchen zumindest zeitweise vor den Stürmen des Lebens zu schützen:

- Wähle deine Unterhaltungen und Kontakte mit Bedacht. Meide Austausch mit Energie-Vampiren und Menschen, die in irgendeiner Form dafür sorgen, dass es dir schlecht geht.
- Konsumiere weniger mediale Inhalte. Wenn du dir etwas durchliest oder anschaust, wähle den Kanal, das Medium mit Bedacht und achte darauf, wie du dich danach fühlst.

- Gehe in die Natur oder umgib dich mit Dingen aus der Natur, wie etwas frischem Tannengrün, ein paar frischen Blumen oder einem kleinen Löwenzahn vom Straßenrand. Ein paar Tupfer Farbe und vor allem Grün heben die Laune und können sich positiv auf dein Stresslevel auswirken.
- Kümmere dich gut um deine Grundbedürfnisse: Schau, wie du deinen Schlaf verbessern kannst, stell dir eine große Flasche mit Wasser oder leckerem Tee hin für eine ausreichende Hydrierung und achte darauf, dass du ein paar gesunde Snacks im Haus hast, um dich mit guten Lebensmitteln zu nähren und so für dich zu sorgen.

Und was, wenn das Leben mal wieder vollkommen verrücktspielt und du kaum noch weißt, wo dir der Kopf steht? Dann pack dir eine kleine Self-Care-Box für deine Handtasche und greif zu den To-Go-Tipps, die sich nahezu überall ohne große Vorbereitung durchführen lassen – im Büro, vor der Uni oder im Park.

- Lächle dir im Spiegel oder im Schaufenster kurz aufmunternd zu.
- Massiere dir kurz die Hände beim Händewaschen oder Eincremen und schenke dir so einen Moment der Liebe.
- Nimm drei tiefe Atemzüge, falls möglich mit einer schönen Bauchatmung und gib deinem Körper so den Sauerstoff, den er braucht.
- Schnuppere zwischendurch einen tollen Duft, der deine Stimmung hebt: den frischen Kaffee, einen feinen Tee, die Blume auf deinem Schreibtisch oder nimm einen Aroma-Roller mit, den du dir auf die Handgelenke geben kannst.
- Sag nein und ja, wenn du es wirklich meinst.
- Strecke dich einmal genüsslich und richte deinen Körper richtig auf für ein gut wahrgenommenes Selbstbewusstsein.
- Wiederhole die Spiegelübung. Schaue dir kurz in die Augen und sage oder – falls Kollegen im Büro sind – denke dir: Ich liebe dich!

Freue dich darauf, wie diese Beziehung zu dir sich entwickeln wird und genieße die ganz besondere Verbindung zu deinem Innersten, die dir eine ganz neue Form der Stärke, Zuversicht und Liebe schenken wird!

Woche 5
Glück im Jetzt

Tag 1 - Hintergrundwissen für einen geglückten Start

„Glück ist kein Geschenk der Götter, sondern die Frucht innerer Einstellung."

- E. Fromm

Willkommen zu deinem ersten Tag der letzten Wochen-Challenge! Erst einmal darfst du dir von ganzem Herzen selbst gratulieren. Du zeigst Durchhaltevermögen und bleibst prima bei der Sache! Gerade bei Themen, die einem unangenehm sind, wie die Schatten aus der Vergangenheit oder der nicht so freundliche Umgang mit sich selbst, verdient das echte Hochachtung. Seit nun fast fünf Wochen schaust du genau dahin, wo noch etwas im Argen liegt und gibst dir die Chance, dazu zu lernen, Neues auszuprobieren und über dich selbst hinauszuwachsen.

Du hast Wege gefunden, Altlasten aufzudecken und dich von Vergangenem zu lösen, für eine buntere Zukunft deine Herzenswünsche zu erkennen und umzusetzen, mit deinem Inneren Kind in Kontakt zu treten und dich in deiner Selbstakzeptanz und Selbstliebe zu üben. Die Weichen für wunderbare Tage sind also gestellt.

Was braucht es nun noch, um ein glückliches Leben im Jetzt zu führen? Wie kannst du dich ganz auf glückliche Momente ausrichten und dir einen Schubs in die richtige Richtung geben? Diesem Thema wirst du dich in den kommenden Tagen aus verschiedenen Blickwinkeln nähern.

Was Menschen glücklich macht, ist zum einen kulturell geprägt und hängt sicherlich auch mit der Deckung der Grundbedürfnisse ab, ist aber zeitgleich auch höchst persönlich.

♥ Bitte zieh dich jetzt fünf Minuten an deinen Meditationsort zurück und konzentriere dich bei deiner Sitzmeditation einfach nur auf das Wort Glück.

→ Welche Emotionen steigen in dir auf?

Versuche, sie kurz zu betrachten und sie dann wie Wolken an deinem inneren Horizont weiterziehen zu lassen. Führe dich gedanklich immer wieder an dein Mantra, das Wort Glück, zurück und verweile so fünf Minuten.

Tag 2 - Verortung: Wo stehe ich?

„Nicht die Glücklichen sind dankbar. Es sind die Dankbaren, die glücklich sind."

- F. Bacon

Hallo zu Tag zwei deiner letzten Challenge. Erinnerst du dich noch an das Tortenmodell aus der ersten Woche mit den Punkten Beruf und Finanzen, Familie und Partnerschaft, Freundschaft, Spiritualität, Gesundheit und die persönliche (Weiter-)Entwicklung? Bitte schlag dieses Modell noch einmal auf und schaue es dir an. Wie geht es dir jetzt, einen Monat später damit?

Im Folgenden siehst du das gleiche Kreismodell vor dir. Bitte male es erneut so weit aus, wie du Glück und Zufriedenheit in den jeweiligen Lebensbereichen verspürst.

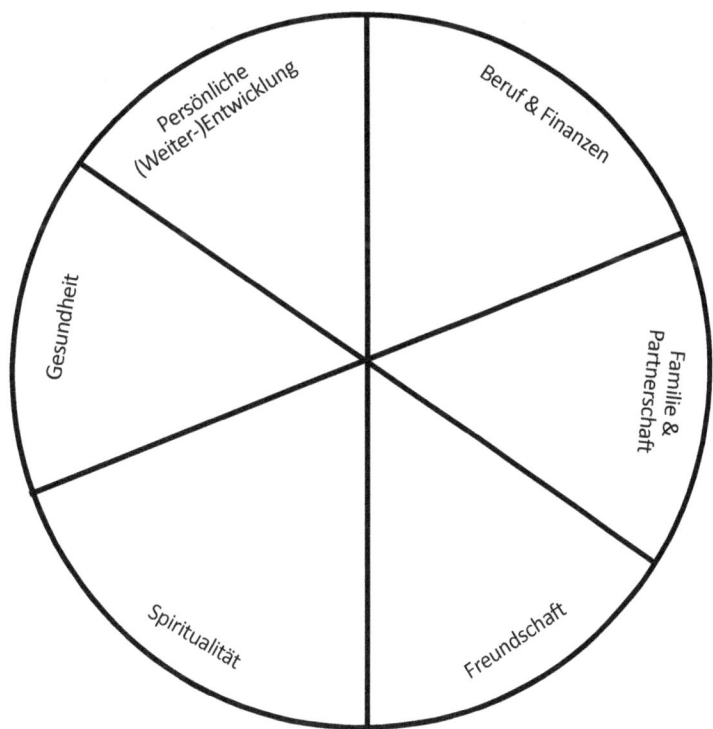

→ Wie hat sich dein Modell gewandelt?
→ Gibt es Punkte, die dir jetzt wichtiger sind als vorher?

> ♥ Bitte nimm eine entspannte Haltung ein und sinne ein paar Minuten darüber nach, was Lebensglück jetzt für dich bedeutet und wie sich deine Einstellung dazu entwickelt hat.
>
> → In welchen Bereichen deines Lebens würdest du gern mehr Glück spüren?
> → Wann bist du besonders glücklich?
> → Bist du glücklich genug? Wann ist es genug?

Wenn du magst, mach dir nach dieser Meditationseinheit ein absolutes Gute-Laune-Lied an und male mit deinen Lieblingsfarben ein Bild zum Thema Glück. Du kannst malen, was Glück für dich bedeutet, wie es sich anfühlt, in welchen Momenten es sich dir zeigt.

Lass deine Kreativität frei fließen und sei neugierig auf das, was kommt, anstatt besonders gut malen zu wollen. Genieße den Prozess!

Tag 3 - Fremdes Glück und falsche Freunde, macht mich das wirklich glücklich?

„Die meisten Menschen sind so glücklich, wie sie es sich selbst vorgenommen haben."

- A. Lincoln

Hallo zu Tag drei dieser Wochenchallenge. Starten wir gleich durch mit den einleitenden Worten von Abraham Lincoln. Kannst du dir selbst vornehmen, glücklich zu sein und es dann sein? Und was ist, wenn du es dir mit jeder Faser deines Seins vorgenommen hast, du aber trotzdem nicht glücklich bist?

Dem Thema potenzielle Hindernisse beim Ausleben und Spüren deines Glücks widmen wir uns morgen. Heute soll es darum gehen, warum sich kein Glücksgefühl einstellt, obwohl der Weg eigentlich frei ist und du für die allerbesten Bedingungen gesorgt hast.

Von medizinischen Gründen, die dich beim Spüren von Glück beeinträchtigen können, soll jetzt einmal abgesehen werden. Vermutest du aber einen solchen Hintergrund bei dir, fühle dich durch diese Zeilen unbedingt dazu ermutigt, dem Ganzen nachzugehen und gemeinsam mit einer Fachkraft zu schauen, ob dein Verdacht begründet sein könnte. Sollte es eine körperliche oder psychische Ursache dafür geben – oft gehen diese ja auch Hand in Hand -, dann gibt es mittlerweile vielseitige Ansätze, um Hilfe zu bekommen und du darfst wie immer aus dem Vollen schöpfen, wenn es darum geht, dir Gutes zu tun und Gutes in der Welt zu verbreiten.

Was nun aber, wenn alles in Ordnung ist? Dann könnten zwei Gründe die Ursache für das fehlende Glücksgefühl sein: Möglicherweise lebst du nicht dein eigenes Glück, sondern die Glücksvorstellung anderer Leute – oder aber du hast deine Glücksstrategien und -erlebnisse nicht an dein aktuelles Leben angepasst.

Den ersten Punkt erkennst du wahrscheinlich leichter: Mitunter lassen wir uns – vor allem in Zeiten von Dauerwerbung und Social Media – von unserem eigenen Weg ablenken und streben nach Dingen oder Erlebnissen, die eigentlich gar nicht auf unserer Liste waren. Aber weil alle Welt um uns herum davon schwärmt, wie sehr Yoga oder Minimalismus der Schlüssel zum Glück sind, lässt man sich mitreißen, atmet und turnt, obwohl man eigentlich Mannschaftssport bevorzugt, oder mistet aus, obwohl man es ungeordnet und chaotisch mag und mit ganzem Herzen an seinen Erinnerungsstücken hängt.

Schnapp dir bitte deinen Stift und überlege:
- → Wo hast du deine Vorstellungen von einem glücklichen Leben her? Von deinen Eltern, Freunden, Magazinen, Fernsehen?

→ Was macht dir insgeheim total viel Spaß, was macht dich so richtig glücklich, was du aber keineswegs zugeben würdest, weil es nicht zu dir passt/du zu alt dafür bist/es nicht hip ist?

Bitte versuche, beim Schreiben keinen inneren Kritiker zuzulassen, der vielleicht eine innere Bremse vorschiebt oder versucht, Sachen umzuformulieren, um einen bestimmten Eindruck zu erzeugen. Nimm stattdessen eine offene zugewandte Haltung ein und sei neugierig, was du entdecken wirst. Es kann sehr interessant sein, seinen eigenen Mustern auf die Schliche zu kommen. Das bedeutet nicht, dass du unehrlich bist oder mit Absicht lügst. Wir alle haben soziale Rollen zu erfüllen und orientieren uns an unserem Umfeld. Umso befreiender ist es aber, wenn wir uns selbst dabei trotzdem erkennen und den Mut haben, unser authentisches Ich zu leben.

Du musst nicht unbedingt mit einem Bibi-Blocksberg-T-Shirt ins Büro gehen, wenn du um dein Ansehen als professionelle Unternehmerin fürchtest, aber wenn es dich glücklich macht, vor dem Einschlafen Kinder-Hörspiele zu hören, dann mache es einfach! Niemand hält dich davon ab, außer dein innerer Kritiker! Sein altbekanntes „Das macht man doch nicht. Das gehört sich nicht für eine Frau in deinem Alter/deiner Position/ eine Mutter/ eine anständige Ehefrau" kannst du getrost zur Seite schieben, wenn du weißt, dass du mit deinem Verhalten niemandem schadest und dir ein harmloses Vergnügen bereitest.

Versuche mit deinem inneren Kritiker zu reden, wenn er das nächste Mal auftaucht, wie mit einem bockigen Kind, das bei Regen seine Gummistiefel nicht anziehen möchte. Sei liebevoll, aber beharrlich und weiche keinen Zentimeter zur Seite, sondern steh für dich und dein persönliches Glück ein.

Wie reagiert der innere Kritiker? Wird er einsichtig und mit der Zeit sogar immer leiser? Achte darauf, wie sich das Ganze entwickelt, wenn du am Ball bleibst und dabei auch gut auf deine Wortwahl und den Umgang mit dir selbst achtest!

Tag 4 - Potenzielle Hindernisse erkennen: Wo sind meine Glücksbremsen?

*„Glück entsteht oft durch Aufmerksamkeit in kleinen Dingen,
Unglück oft durch Vernachlässigung kleiner Dinge."*

- W. Busch

Der innere Kritiker kann eine typische interne Glücksbremse sein. Es gibt aber auch andere klassische Glücksbremsen, die dich daran hindern können, dein Glück voll auszukosten.

Ein echter Klassiker ist das ständige Vergleichen: Du bist eigentlich mit dir zufrieden, siehst dann aber beim Nachbarn das grünere Gras und findest deinen eigenen Rasen nicht mehr so schön wie vorher – obwohl dein eigener Garten sich ja kein Stück verändert hat.

Ein weiterer Klassiker ist die Maßlosigkeit: Du hast endlich dein Wohlfühlgewicht erreicht, willst aber mit einem Mal immer weiter ab- oder zunehmen? Du hast eine Beförderung erhalten, auf die du lange hingearbeitet hast, aber sie ist kaum abgenickt, da willst du schon den nächsthöheren Posten? Du hast in deiner Prüfung eine 1,3 geschrieben, aber eine 1,0 wäre besser gewesen?

Durch solche Gedankengänge kannst du zum einen dein aktuelles Glück nie richtig wahrnehmen und genießen, geschweige denn wertschätzen; zum anderen bist du nie im Moment, sondern direkt immer mit der Zukunft beschäftigt und mit einem Ziel, das du niemals erreichen wirst. Denn wie auch immer du dich selbst optimieren wirst: Es wird immer jemanden geben, der dir in einer Sache überlegen ist. Es wird immer jemanden geben, der vor dir da war. Und egal, wie perfekt du bist, du wirst noch etwas an dir finden, was verbessert werden kann.

Dieses Verhalten muss übrigens nicht nur aus dir selbst kommen. Oftmals übernehmen wir das Anspruchsdenken von unseren Eltern oder unserem Umfeld. Wenn uns in unserer Kindheit und Jugend immer wieder signalisiert wurde, dass wir uns bloß nicht zufrieden zurücklehnen sollen und dass es viel besser gehen müsste, dann haben wir gar nicht gelernt, glückliche Momente überhaupt zu genießen. Im schlimmsten Fall nehmen wir sie nicht einmal als solche wahr.

→ Wie war und ist das bei dir?
→ Kennst du Sprüche wie: Ruh dich nicht auf deinen Lorbeeren aus?
→ Wurde dir immer gesagt, dass du es noch hättest besser machen können?
→ Durftest du Erfolge und Glücksmomente feiern?

→ Waren deine Geschwister oder Freunde dann neidisch, sodass du das Ganze lieber geheim gehalten hast?

→ Gehörte es zum guten Ton, Glück und Erfolg unter den Tisch zu kehren?

→ War es in, gestresst und unglücklich zu sein?

Das mag zwar seltsam klingen, aber nicht selten werden Menschen, die einfach glücklich sind, argwöhnisch bestaunt. Mitunter wird ihnen auch ein simples Gemüt unterstellt, denn wer clever und erfolgreich ist, muss ja im Dauerstress stehen und kann gar nicht glücklich sein, oder?

Bitte gehe einmal in dich selbst und überprüfe deine eigenen Glaubenssätze.

→ Gibt es Überzeugungen, die deinem Glücklichsein im Weg stehen?

→ Wie sind diese entstanden?

→ Stimmen sie mit deinen Erfahrungen überein?

→ Glaubst du sie wirklich oder orientierst du dich eher an ihnen, weil es die Gesellschaft so vorlebt?

→ Diese Erforschung der eigenen Gedanken- und Begründungsmuster kann sehr aufschlussreich sein und dir dabei helfen, dein eigenes Handeln und Fühlen besser zu verstehen.

→ Es können sich aber auch unerwartete Emotionen in dir breit machen.

→ Sei mitfühlend und verständnisvoll, wenn du dich selbst näher kennenlernst und erlaube dir deine Gefühle.

Wenn es dir schwerfällt, dich mit diesen Gefühlen oder Glaubenssätzen anzunehmen, kannst du die Methode des Tapping anwenden, die du früher in den Challenge-Wochen kennenlernen konntest.

Tag 5 - Meine Glücksquellen

„Ein jeder hat seine eigne Art, glücklich zu sein, und niemand darf verlangen, dass man es in der seinigen sein soll."

- H. von Kleist

Es gibt sie, oder? Diese gigantischen Glücksmomente, in denen alles passt und alles zusammenkommt. Diese ganz besonderen Ereignisse im Leben: den Schulabschluss, die Hochzeit, die Geburt deines Kindes. All das sind besonders außergewöhnliche Momente, in denen das Glück quasi Hochkonjunktur hat. Aber gibt es Glück nur an diesen wenigen Tagen im Leben? Ist das Glücksgefühl etwas, das nur Extremen vorbehalten ist, den Feiertagen, Festen und Sahnetorte-Momenten? Oder lässt es sich auch im Kleinen finden?

Gibt es Möglichkeiten, wie du das Glück auch an einem verregneten Dienstag im März oder einer stressigen Arbeitswoche bei 30 Grad im Hochsommer zu dir einladen kannst? Klar, gibt es die! Wenn du deine eigenen Glücksquellen erkennst und dich um diese kümmerst.

Was mit Glücksquellen gemeint ist? All das, was dir wohltut, dich schauen lässt wie ein Honigkuchenpferd, die Lebenslust in dir wachkitzelt und den Schalk im Nacken küsst! Das können Menschen sein, Orte, Tätigkeiten, aber auch Einstellungen und Worte.

Also die imaginäre Forscherkappe aufgesetzt: Wir begeben uns auf Glückssafari. Dabei darfst du all deine Sinne mit einschließen und dir eine ganz breite Landkarte an Glücksquellen erschließen. So läufst du nie Gefahr, dass du auf dem Trockenen sitzt, wenn eine versiegen sollte: Wenn etwa nur diese eine Freundin dir ein Lächeln aufs Gesicht zaubert, trägt sie viel Verantwortung. Die Freundschaft könnte in eine Schieflage geraten und eigentlich willst du doch ohnehin selbst verantwortlich für dein Glück sein, oder? Darum ist es klasse, wenn du ein großes Areal an Glücksquellen zur Verfügung hast, auf dem du dich je nach Anlass und Moment frei bewegen, aus denen du bei Bedarf schöpfen kannst.

Dein Glücksquellen-Fragebogen zum Ausfüllen, Nachschauen und Weiterentwickeln:

Glücksduft: _____

Gute-Laune-Lied: _____

Herzensmenschen: _____

_____

_____

Bücher zum Schmunzeln: _____

Arbeitsbuch

_____

_____

Witzigstes Tier unter der Sonne: ———————————————

Hörbücher mit famosen Sprechern zum Freuen: ——————

_____

_____

Filme zum Lachen: ——————————————————————

_____

_____

Andere Kunst, die dich heiter stimmt: ————————————

_____

_____

Wohlfühl-Essen: ———————————————————————

Lieblingswitz: ————————————————————————

_____

_____

Top-Komiker oder Kabarettisten: ———————————————

_____

_____

Warme Orte, an denen du gute Laune bekommst (für die kalte Jahreszeit): ——

_____

_____

Kühle Orte, an denen du gute Laune bekommst (für die warme Jahreszeit): ——

_____

_____

Orte in der Natur, an denen du gute Laune bekommst: ─────────────
───

Sport, der deine Stimmung hebt: ──────────────────────────
───

Freizeitaktivitäten allein, die dich glücklich machen:
───
───

Freizeitaktivitäten in der Gruppe, die dich glücklich machen: ────────
───
───

Kleidung, in der du dich sofort gut fühlst: ──────────────────

Diese Farbe wirkt auf dich heiter: ──────────────────────

Fällt dir noch mehr ein? Du kannst deine Liste noch beliebig lang fortführen – alles im Dienste der Glückswissenschaft. :)

Tag 6 - Was mir guttut, wenn es mir nicht gut geht; Glück in schwierigen Zeiten

„Kleines Glück ist auch Glück."

- R. Kaune

Glücklich sein hört sich so einfach an. Du machst ja auch alles dafür: Du arbeitest an dir selbst, kümmerst dich gut um dich, praktizierst Achtsamkeit und Selbstfürsorge, engagierst dich dafür, dass in deinem Leben alle Bereiche, die wichtig für dein Lebensglück sind, ausgewogen sind – und dann kommt es doch einfach so: der große Crash! Eine schwere Krankheit, eine Kündigung, ein Verlust, eine Trennung. In solchen Momenten fragt wohl niemand danach, wie glücklich du gerade bist und das ist nur verständlich. Trotzdem ist es wichtig, nach den ersten Anpassungszeiten, in denen du mit dem Verarbeiten der Situation beschäftigt bist, auch wieder das Augenmerk darauf zu lenken, was du in dieser schwierigen und herausfordernden Zeit tun kannst, damit es dir ein klein wenig besser geht.

Glücklich sein ist vergleichsweise leicht, wenn es einem gut geht. Aber es kann wie eine schier unvorstellbare Sache wirken, wenn du mitten in einer Krise steckst oder das Leben dir einen Stein vor die Füße wirft und dich so richtig ausbremst. Was kannst du in solchen Momenten für dich tun?

Da du jetzt vermutlich viel weniger Nerven für das Thema aufbringen kannst, ist es wichtig, dass du dir drei wichtige Aspekte vor Augen führst: Du hast in dieser Sondersituation andere Bedürfnisse, Ansprüche und auch Voraussetzungen. Die folgende Checkliste kann dir helfen, klarer zu sehen, was du jetzt brauchst und was du zur Verfügung hast.

Andere Voraussetzungen können sich auf finanzielle, zeitliche oder Kraftressourcen beziehen. Mitten in einer Trennung ist das Geld für die wöchentliche Massage vielleicht nicht mehr da. Wenn ein Familienmitglied pflegebedürftig wird, schrumpfen Kraft und Zeit.

Wie sieht es bei dir aus?

→ In welchen Bereichen musst du mit anderen Voraussetzungen klarkommen?

→ Wie kannst du trotzdem gut für dich sorgen?

Stehen plötzlich nicht mehr die finanziellen Ressourcen für das Fitnessstudio zur Verfügung, gibt es vielleicht eine Sportgruppe, der du dich anschließen kannst oder einen günstigen VHS-Kurs? Hast du keine Kraft für Partys oder das Bewirten von Gästen, lässt sich vielleicht ein Treffen mit einer guten Freundin organisieren, bei dem sie eine Kleinigkeit zum Essen mitbringt?

	Finanzielle Ressourcen	Zeitliche Ressourcen	Kraftressourcen
Veränderungen			
Möglichkeiten, damit umzugehen			

Andere Bedürfnisse zeigen sich dadurch, dass deine klassischen Glücksquellen vielleicht nicht mehr so greifen wie sonst. Möglicherweise brauchst du mehr Ruhe, weniger intensive Erlebnisse, Zerstreuung und keine actiongeladenen Unternehmungen in großer Gruppe. Vielleicht sehnst du dich nach leichten Themen, statt wie sonst tragische Familiensagas zu lesen oder die klassischen Dramen im Theater anzuschauen.

Bitte geh einmal in dich und liste in der folgenden Tabelle deine aktuellen Bedürfnisse und mögliche Glücksquellen auf. Wenn du keine Energie und kein Geld für einen langen Opernbesuch hast, kann dich vielleicht ein Besuch eines kurzen Szenenspiels beim Theater im Park erheitern, mit dem du einen Spaziergang versüßt?

Aktuelle Bedürfnisse	Mögliche Glücksquellen

Andere Ansprüche an deine Glücksmomente wirst du wahrscheinlich erst mit der Zeit akzeptieren können. Vielleicht ist es gerade so hart, dass du das Gefühl hast, nie wieder lachen zu können. Den Anspruch zu haben, dass du dann einen so unbeschwerten Abend wie früher verbringen wirst, wird dich vermutlich nur unter Druck setzen oder traurig machen. Wenn du aber an die Sache herangehst mit dem Anspruch, dass es vielleicht einen guten Moment mit etwas Leichtigkeit geben wird, dann räumst du dir viel mehr emotionalen Spielraum ein.

Teile auch den Menschen in deinem Umfeld mit, dass dich etwas belastet und deine geringe Freude/Begeisterungsfähigkeit usw. nichts mit ihnen zu tun hat und du sie weiterhin gernhast. So sind die Leute um dich herum involviert und setzen dich nicht aus Versehen unter Druck. Merkst du, dass jemand ungeduldig mit dir wird, dann überprüfe, ob die Kritik berechtigt ist, lass dich aber nicht gängeln oder zu etwas drängen, für das du noch nicht bereit bist. Es ist durchaus angebracht, dass dir jemand nach Wochen der Trauer sagt, dass er Pause von deiner Gefühlswelt braucht, dich dazu zu drängen, aber doch mal wieder glücklich zu sein oder feiern zu gehen, ist nicht okay. Passe deine Ansprüche an dich und deine Gefühlswelt an und lasse dich nicht von deinem Umfeld zu etwas verleiten, was dir gerade gar nicht guttut, nur um dessen Ansprüchen zu genügen.

> → Welche Kleinigkeiten erfordern nicht viel Anstrengung und zaubern dir trotzdem ein Lächeln auf die Lippen oder einen kurzen Moment des Wohlbefindens?

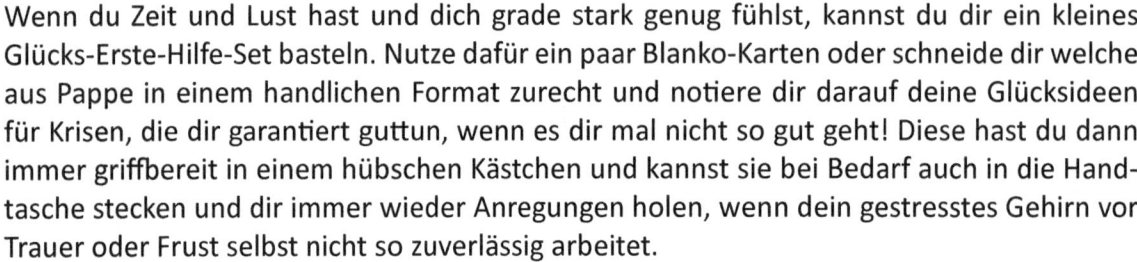

Wenn du Zeit und Lust hast und dich grade stark genug fühlst, kannst du dir ein kleines Glücks-Erste-Hilfe-Set basteln. Nutze dafür ein paar Blanko-Karten oder schneide dir welche aus Pappe in einem handlichen Format zurecht und notiere dir darauf deine Glücksideen für Krisen, die dir garantiert guttun, wenn es dir mal nicht so gut geht! Diese hast du dann immer griffbereit in einem hübschen Kästchen und kannst sie bei Bedarf auch in die Handtasche stecken und dir immer wieder Anregungen holen, wenn dein gestresstes Gehirn vor Trauer oder Frust selbst nicht so zuverlässig arbeitet.

Tag 7 - Integration des Gelernten in den Alltag und To-Go-Tipps

„Glück ist ein Entschluss."
- R. Descartes

Ein letztes Mal ein ganz besonders freudiges Hallo an dich! Willkommen zum allerletzten Tag deiner 5-Wochen-Challenge. Herzlichen Glückwunsch zu dieser starken Leistung.

Diese Woche stand im Zeichen deines persönlichen Lebensglücks und war damit ein wunderbarer Abschluss von 35 spannenden und aufregenden Tagen, in denen du dein Leben, dein Denken und Fühlen genau unter die Lupe genommen und in eine wundervolle Richtung gelenkt hast.

Diese Woche hast du
- ✓ für dich geklärt, was Glück für dich bedeutet
- ✓ benannt, in welchen Bereichen deines Lebens du glücklich bist und wo du dir mehr Glück wünscht
- ✓ klassische Glücksbremsen kennengelernt, wie den inneren Kritiker, das Vergleichen oder das Nicht-Maßhalten
- ✓ deine eigenen Glücksquellen gefunden
- ✓ Mittel und Wege entdeckt, um dich gut zu fühlen, auch wenn es dir schlecht geht

Diese Woche und auch die letzten Challenge-Wochen haben dich mit einem prall gefüllten Werkzeugkoffer an Techniken, Übungen und Meditations-Impulsen ausgestattet, die du auch außerhalb der Challenges in den unterschiedlichsten Situationen zum Einsatz bringen kannst. Du kannst diese weiterhin in der Arbeit mit dir selbst nutzen, aber du kannst sie natürlich auch mit Freunden und Familie teilen und dadurch mehr Akzeptanz und Liebe verbreiten.

Wenn es hektisch werden sollte, unterstützen dich die To-Go-Tipps oder du liest einfach in ein Kapitel hinein, wenn du eine kleine Erinnerungsstütze brauchen solltest! Dieses Buch ist immer für dich da, sobald du Unterstützung benötigst – aber auch du selbst bist jetzt mit mehr als genug Hintergrundwissen und Techniken ausgerüstet, um die kleinen und großen Stürme des Lebens zu meistern und es so bunt und abwechslungsreich zu gestalten, wie du es dir nur vorstellen kannst.

Sei stolz auf dich!
Genieße es!
Los geht's!

Geschenk #1 - Zitatesammlung

Vielen Dank noch einmal für den Erwerb dieses Buches. Als zusätzliches Dankeschön erhältst du von mir **zwei E-Books**, als Bonus, und völlig gratis.

Das erste Bonusheft beinhaltet eine Sammlung an schönen, motivierenden und Mut machenden kleinen Geschichten und Zitaten, die dich auf deinem täglichen Weg zu einem erfüllten Leben begleiten können. Finde darin deine Lieblingszitate, die du dir immer wieder als kleine Erinnerungen, Richtungsweiser und Mutmacher zur Hand nehmen kannst.

Du kannst das Bonusheft folgendermaßen erhalten:

Öffne ein Browserfenster auf deinem Computer oder Smartphone und gib Folgendes ein:

stefanielorenz.com/bonus1

Du wirst dann automatisch auf die Download-Seite weitergeleitet.

Bitte beachte, dass dieses Bonusheft nur für eine begrenzte Zeit zum Download zur Verfügung steht.

Alternativ kannst du auch diesen QR-Code einscannen:

Geschenk #2 - Entspannung im Alltag

In diesem zweiten Bonusheft findest du verschiedene Entspannungsmethoden, Meditationsideen und Affirmationen, die dich darin unterstützen können, wieder zu dir selbst zu finden. Mit diesen Methoden kannst du neue Kraft tanken, dich auf deine eigenen Stärken besinnen und aus dem Hamsterrad deiner Gedanken und den Anforderungen von außen aussteigen.

Öffne ein Browserfenster auf deinem Computer oder Smartphone und gib Folgendes ein:

stefanielorenz.com/bonus2

Du wirst dann automatisch auf die Download-Seite weitergeleitet.

Bitte beachte, dass dieses Bonusheft nur für eine begrenzte Zeit zum Download zur Verfügung steht.

Alternativ kannst du auch diesen QR-Code einscannen:

Eine kleine Bitte

Liebe Leserin,

lieber Leser,

nun sind wir am Ende dieses Arbeitsbuches angelangt. Ich hoffe doch sehr, dass ich dir mit diesem Buch weiterhelfen und positive Veränderungen in dein Leben bringen konnte.

Als Autorin ist es mir sehr wichtig, Bücher zu schreiben, die Menschen wirklich helfen. Konstruktives Feedback meiner Leserinnen und Leser hilft mir am meisten dabei meine Werke immer weiter zu verbessern.

Falls du mir also persönliches Feedback oder Verbesserungsvorschläge zum Inhalt geben möchtest, dann schreibe mir gerne unter info@stefanielorenz.com. Ich freue mich über jede E-Mail und werde zeitnahe antworten.

Für den Fall, dass dir mein Buch wirklich geholfen hat und du sonst keine Fragen hast, dann würde ich mich freuen, wenn du eine positive Rezension für mein Buch auf Amazon hinterlassen kannst. Es dauert wirklich nur wenige Sekunden und du hilfst anderen Menschen und mir ungemein.

Ich weiß all deine Liebe und Unterstützung wirklich zu schätzen.

Falls noch Fragen offen sind, einfach bei mir melden!

Stefanie

www.ingramcontent.com/pod-product-compliance
Lightning Source LLC
Chambersburg PA
CBHW081155070526
44583CB00021B/2843